JN016743

わが投資術

市場は誰に微笑むか

Tatsuro Kiyohara

清原達郎

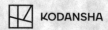 KODANSHA

はじめに

　2005年の長者番付で、私の名前が1位として掲載されました。その時の肩書は「タワー投資顧問　運用部長」。投資顧問会社でヘッジファンドを運用する一サラリーマンでした。長者番付はこの年を最後になくなりました。当時、サラリーマンが長者番付1位を取ったということで、私のもとに多くの取材依頼があったことを懐かしく思い出します。

　あれから18年、K1ファンド（タワー投資顧問の旗艦ファンド。日本株のロング・ショート運用を行う）を始めてからは25年になりますが、私はファンドを閉鎖し、引退することを決めました。

　理由は一つ、他人の資金を責任をもって運用するには年を取り過ぎたのです。若い頃は会社四季報が出ると3日間で全部読んでいました。しかし、今や読み終わる前に次の四季報が発売になるといった体たらくです。

　ヘッジファンドとは、顧客から預かった資産を代わりに運用して利益を出す投資会社です。我々が閉鎖を決断した時の運用資産は1500億円ほどでした。ヘッジファンドを運用するには莫大なエネルギーと貪欲さが必要です。私はその両方を失ってしまいました。最近も、私は2つの大きなショート（空売り）のチャンスを見逃しました。日本M&Aセンターとレーザーテックです。それぞれ300億円ショートすれば100億円ずつ儲かっていた案件で

す。もちろん、それぞれの相場のピークでは本能的にショートは
しました。申し訳程度のポジションで儲けはしましたが、大きな
リターンではありませんでした（それぞれ10億円に満たない程
度の儲け）。

　私は6年前、咽頭がんの手術で声を失いました。ステージ4だ
ったので転移もしており、もう運用はできないかと思いましたが
2人の仲間に支えられてここまでやってきました。幸いなことに
（亡くなられた方も多くとても不謹慎な言い方ですが）コロナ禍
で相場が暴落。そこで大量の株式を購入するという賭けに出て成
功しました。
　しかし、ロングで大きな勝負をする覚悟はあっても、よりリス
クの大きいショートで貪欲に儲けていく情熱を私はもう失ってい
ました。今となっては私が顧客のためにできることは「引退」し
かありません。

　後述しますが、我々は小型株に集中投資します。それを全部売
りさばいて顧客に資金を返還するのは通常苦痛を伴います。大量
に保有している小型株を市場で売却すると、それに伴ってその株
価が大きく下がるため、ファンドの基準価格（NAV）も下落し、
顧客の資産が目減りしてしまうのです。
　しかし、コロナ禍で大型株がとても割安になったため、ファン
ドのポートフォリオが小型株から大型株中心へとシフトしていた
こと、しかも低PBR（株価・純資産倍率）銘柄の値上がりによっ
て小型株も思った以上の値段で売却でき（我々が投資していた小

型株はほとんど低PBR銘柄）、ファンドを終了するには絶好のタイミングが到来しました。顧客への資金の返還が終了した時点でK1ファンドのパフォーマンスは93倍になっていました。主だった顧客には、ファンド終了の意を伝えるために最後の挨拶をしてきたところです。

　お客さんはびっくりしていて、口に出しては言わなかったものの「お前なあ。俺の許可なく勝手にやめるなよ！」という感じでしたねえ。
　スイスのプライベートバンクとオンラインミーティングした際にはこう言われました。
「やめるならお前以上に優秀なヘッジファンドを探してこい！」
「あんた金融のプロなんだから自分で探してくれよ」と言ったのですが、「お前が見つけてこい。お前の義務だ」とか言われまして。

　実はこうなることを予想していくつかの和製ヘッジファンド（日本人の運用するヘッジファンド）とはコンタクトしていました。しかし、円建てのどのヘッジファンドもハードルレートがゼロなのです。
　ハードルレートとは成功報酬をもらうためには最低このぐらい儲けてくれよ、という基準です。我々のファンドのハードルレートは３％でした。運用フィーが１％かかるので４％以上儲けないと成功報酬はゼロです。ハイウォーターマーク（損を取り返すまでは成功報酬は出ない）もあるため、初年度リターンゼロ（１％

は儲けたことになりますが）、２年目もゼロだと、３年目には1.03の三乗で9.3％以上儲けないと成功報酬は出ません。ところがハードルレートゼロだと、１、２年目がゼロリターンだとしても、３年目にわずかでも儲かると成功報酬が出てしまうのです。

　ハードルレートは通常短期金利に近いところに設定されるため短期金利がゼロの日本でハードルレートがゼロという理屈もわからないわけではありません。しかし、日本株の運用において税引きベースで２〜３％の配当利回りのポートフォリオを築くことはとても容易であり、これは「とんでもないボッタくり」です。何の努力をしなくても成功報酬がもらえるのはヘッジファンドとして正しい姿ではないと思います。だから私は、他の和製ヘッジファンドを顧客に勧めるのをあきらめました。

　最後まで残ってくれたお客さんにはパフォーマンスで頑張れたおかげで感謝してもらいました。でも、感謝の気持ちが行き過ぎた人もいたみたいで。

　私は咽頭がんの手術の後、大量の痰に悩まされています。そのためティシュをいっぱい使うのですが、会社の物置からティシュペーパーの箱を持ってきたときのことです。

　なんか重たいなあ、と思って箱を開けたらびっくり。500万円のピン札が入っていたのです。お客さんからいただいた土産物の中に混じっていたようです。

　もちろんヤバいと思って犯人を見つけだし、すぐに返却しました（すみません。純粋に善意でやっていただいたことなのに。気持ちだけで十分です）。お客の名前は守秘義務の観点からもちろ

ん明かせません。でも、思いましたよ。こういうことは「大岡越前」や「必殺仕事人」でよくありますよね。廻船問屋が悪代官に小判を菓子箱に入れて渡すって（材木問屋と作事奉行というのもありますね）。

今は菓子箱の代わりにティシュペーパーの箱になっていたのですね。使い古しの紙幣だと箱が膨れ上がって不自然になるけど、ピン札だと500万円分がティシュの箱にピッタリ収まるんです。確かにこれなら、料理屋で業者が政治家に金を渡すところを週刊誌に撮られても大丈夫かもしれません。

それに、ティシュペーパーの箱2つで1000万円ってわかりやすくて便利なのでは。政治家が「それじゃあ足りないよ」と思ったときには「最近、鼻水がひどくて」とか言うのですかねえ。「しまった足りなかったか」ということで、業者はさらに一箱さっと差し出すのでしょうか。「どうぞこれをお使いください」とか言って。「うん。鼻水が止まったみたいだわ。ははは」みたいなノリで。

冗談はさておき、最後までお付き合いいただいたお客さんに感謝しなければいけないのは私のほうです。後でも述べますが、リーマンショックの際、解約せずに残ってくれたお客さんがいたからこそ今の私があるのですから。

途中パフォーマンスが落ち込んだ時は厳しい言葉もいただきましたが、逆に励ましてもいただきましたし、ファンドの終了時には本音で話せるような仲になっていました。本題とは関係ありませんが、ある顧客からは次のような辛辣な言葉も頂戴しました。

「あんた5年間も筆談で生活してきた割には字が下手だなあ」

　情熱とエネルギーを失ってしまった私が、なぜ、わざわざ本を書こうという気持ちになったのか。それは私に後継者がいないからです。私が蓄積してきたヘッジファンド運用のノウハウは後継者には継承されません。

　それなら全部世の中に「ぶちまけてしまえ」という気持ちになりました。「自分もヘッジファンドの運用を目指そう」、あるいはそこまでいかなくても「個人投資家として本格的に日本株に取り組もう」という方の参考になればと思って。

　私は25年間のヘッジファンドの運用で致命的なミスをたくさん犯しましたが、どのようにミスを犯したかをお伝えすることは意味があるのではないかと考えました。かなりいっぱい失敗してきたので、それなりに参考になるのでは。

　成功した例についても書きますが、成功というのは何度も同じ形では繰り返しません。だから失敗談のほうがお役に立てるのではないかと思います。実は「ヘッジファンドの運用ノウハウ」というのは数々の失敗によって傷を負いながら獲得してきたものなのです。

　引退を決意した今、私にできるのは本を書くことぐらいだと思いました。また幾多の失敗を繰り返しながらも、どうやってこのファンドが25年間生き抜いてきたか、その背景にある投資スタイルや考え方も具体的な例で明らかにしたいと思います。

　ヘッジファンドの運用が個人投資家の方にとってどれだけ参考

になるかはわかりません。しかし、ヘッジファンドは結果がすべてのビジネスです。多くの機関投資家は、パフォーマンスはイマイチでも言い訳はとても上手です。それに対し、個人投資家の方の目標はヘッジファンドと同じであり、大事なのは「結果としてのリターン」だけだと思うのですよ。機関投資家が大好きな「言い訳」は無意味で不要です。

　それと私は、この本の中で株式投資の楽しさも訴えていきたいと思っています。いろいろな会社を調べ、投資を行い、成功も失敗もありましたが、たくさんの出会いがあって基本楽しかったのです。

　この本の内容は、株式投資の経験の浅い個人投資家の方にとっては少し難しいところもあるかもしれませんが、ぜひ株式投資について興味をもって学んでもらいたいと願っています。

「興味を持ちすぎてハマって損を繰り返したら？　ギャンブル中毒みたいになったらマズイのでは」と心配される方もおられるかもしれません。

　たしかに株式投資にはギャンブル的な要素があります。でも、やりようによってはギャンブル的要素を減らすことはできますし、何より仮にギャンブルだとしても他のギャンブルとは真逆で儲かりやすいギャンブルなのです。

　宝くじの期待値は40～50％です（つまり、100円使うと平均40～50円戻ってくる）。競馬・競輪・競艇は私の記憶では75％。それに対し、株式投資は100％以上の期待値になると私は思います

7

（ただし株価が暴騰してバブルになってしまったタイミングで買うとマイナスのリターンになります）。

　後でも申し上げますが、今や株式市場は「個人が自由に儲けることができる市場」です。2024年からは新NISAも始まりました。「やらなきゃ絶対損」という個人にとっては夢のような制度です。このタイミングで本を出すことが、皆さんの株式投資の第一歩への参考になれば幸いです。

2024年２月　清原達郎

わが投資術＊目次

第3章 「割安小型成長株」の破壊力

第4章 地獄の沙汰は持株次第——25年間の軌跡

第5章 REIT──落ちてくるナイフを2度つかむ

第6章 実践のハイライト──ロング

第7章 実践のハイライト──ショート・ペアートレード

第8章 やってはいけない投資

第9章 これからの日本株市場

わが投資術

市 場 は 誰 に 微 笑 む か

カバー写真 野口 博（FLOWERS）

ブックデザイン 鈴木成一デザイン室＋大口典子（nimayuma Inc.）

第1章

市場はあなたを見捨てない

間違っても損をするとは限らない
正しかったら儲かるとは限らない

　ソニーが明日倒産すると信じ込んで今日100株空売ったとします。もちろん、一日経っても倒産しませんでした。この人はとんでもない思い違いをしたことになりますが、損をしたのでしょうか？

　株価は上がったり下がったりするので、儲かったのか損をしたのかはわかりません。ただ、一つだけ確実に言えることがあります。この人が「間違って倒産すると思い込んでしまった」という理由では絶対に損をしない、ということです。損をしたとしたら別の理由で損をしたのです。

　あなた以外の人が全員正しく、あなた一人が大きな間違いを犯したとき、市場はあなたを罰しません。逆にその他の人が全員間違ってあなただけが正しかったときは大きく報います。**市場は、あなたの意見が少数意見である限りあなたの味方です。**

　「自分一人だけの独自なアイデア」に基づいて株式投資をするというのはとても割がいいのですが、実際は、いろいろなシナリオが可能性として株価に織り込まれているので「自分一人だけのアイデア」というのは滅多にありません。

　現実的には「大勢と同じ考えやポジションを持っていると間違ったときに大損しやすく、少数派の考えやポジションであれば間違っても損失が少ない」ということなのでしょう。平たく言えば、**「自分の考えはみんなと同じ」なら投資のアイデアにはなりません。**「自分の考えはみんなと違う」時に投資のアイデアにな

るのです。

　そんな投資のアイデアを市場は歓迎し貪欲に取り込もうとします。市場があなたに冷たい態度を取るとしたら、あなたが「自分でよく考えずに大衆に迎合したとき」だけです。

　勘違いを防ぐために申し上げますが、「みんなが強気で私も強気」だからその他大勢と意見が同じとは限りません。

　大多数の投資家が「Ａ社の株はこれから５年間、年率10％増益で行けるので強気」だと思っているとしましょうか。それに対し、あなただけは同じ強気でも「いや、30％増益で行ける」と思っているのなら、あなたは少数派であり、立派な投資アイデア（買いのアイデア）になります。

　我々のファンドに大きなリターンをもたらした数々のアイデア、例えばニトリ、JAL、オリンパス、REIT（不動産投資信託）、メガバンク、中小不動産会社なども、購入を開始したときは強気な見方は極端な少数意見でした。これらについては、後の章で詳しく解説します。

投資のアイデア＝株価に織り込まれていないアイデア

　それでは自分の意見がその他大勢の見方とどう違っているか、どうやったらわかるのでしょうか？

　これは言い換えれば「株価には何が織り込まれているか？」という問いと同じです。大型株の場合には簡単にはわからないし、今の日経225指数（日経平均株価）の水準に何が織り込まれているかとかを知るのもほぼ不可能です。それがわかれば仕事の半分

は終わったと言っていいでしょう。

　後で詳しく書きますが、株式市場で人気の圏外にある「割安小型株」は株式市場での参加者が少ない（というか投資家に無視されている銘柄が多い）ので、「何が株価に織り込まれているか」が比較的簡単にわかります。だいたいは「この会社のビジネスには将来性はなく減益が続くだろう」あるいは「この会社には未来がないので無視してかまわない」ということが織り込まれているのです。

　これが大型株になると極端に難しくなります。市場の参加者が増えれば増えるほど何が相場に織り込まれているかわからなくなります。複数のアナリストに話を聞いたからと言っても、何が株価に織り込まれているかを正確に知るのは困難でしょう。わかったつもりにならないほうがいいでしょうねえ。

　アナリストは「10％増益が株価に織り込まれている」とか平気で言いますが、大型株については「株価に何が織り込まれているか」なんてそう簡単にわかるものではないですよ。これも我々が小型株投資を選好してきた理由の一つかもしれません。

「投資のアイデアを探す」ということは「株価に織り込まれていないアイデアを探す」ということです。もともと少数派だった自分の考えやポジションが「実は多数派になっていた」ことを発見した時は、何らかのアクションを取ったほうがいいかもしれません。大きなリスクを抱え込んでしまった可能性がありますから。

　個人投資家が少数派でいることのメリットは「株式市場の売買

手数料がとても安い」ことにも支えられています。自分だけが間違った判断をして、その誤りに気づいて反対売買をしても取引コストがとても低いのでほとんど損をしないのです。

　ただし、売買手数料が安くても「マーケットインパクト」が大きければ取引コストは大きくなります。機関投資家（我々のようなヘッジファンドを含めて）ももちろん少数派でいることは大事ですが、機関投資家は売買サイズが大きいのでマーケットインパクトを含めた取引コストが個人投資家に比べてはるかに大きくなります。この点に関して、個人投資家は機関投資家より明らかに有利です。

　マーケットインパクトとは、つまりこういうことです。たとえば、直近の出来値が1000円の株のオファー（売りたし）が1001円で100株だったとします。一方、ビッド（買いたし）は999円で100株だったとします。つまり、この株は今現在1001円で100株売りたい人がいて、999円で100株買いたい人がいるのです。

　すると、100株をどうしても買いたければ1001円払わないといけません。買ってから自分の考えが間違いだったとすぐに気づいて売ると今度は999円でしか売れなくなります。この差の2円をマーケットインパクトと言います。それと、証券会社に払う売買手数料（消費税含む）を合わせたのが「取引コスト」となります。

　当然、大きな株数で売り買いすると、マーケットインパクトは大きくなります。先ほどの例で説明すれば、例えば1000株を今どうしても売りたいと思えばまず100株をビッドのある999円で

売ります。すると999円のビッドはなくなります。次のビッドが998円で100株だったとすれば次の100株は998円でしか売れません。だから売りたい株数が多ければ多いほど売る時に株価を押し下げてしまうのです。

　出来高の少ない小型株では、通常オファー、ビッドの板がスカスカ（株数が少ない）なので、オファー、ビッドが相当程度の株数でぎっしり詰まっている大型株よりマーケットインパクトは大きくなります。本章の冒頭で「ソニーを100株空売る」という例を出しましたが、これだけの大型株であれば出来高も多く、たった100株の売り買いならマーケットインパクトはほぼゼロだからです。

　なお、「自分独自のアイデアで投資すると割がいい」という発想は、他のビジネスでも使えないことはありません。しかし、さすがにメーカーが工場を建設して「やっぱりやめたわ」と工場をぶっ潰して損失ゼロというわけにはいかないでしょう。

投資の第一歩は「常識を疑う」こと

　では、具体的にどうやって投資のアイデアを探すのでしょうか？

　大多数の投資家と違う考えでいようと思うなら**「常識を疑う」**というのが一番楽な方法です。ただ、現実的に世の中の常識をすべて疑うと生きていくのに疲れてしまいます。「嘘か本当かは知らんが、とりあえずそういうことにしといてやろうか」という態度で生きていくしかありません。そして時折、**「これってホントなの？　みんなそうだと言っているけど怪しいなあ」**というアイ

デアを見つけないと。もちろん株式の売買に結びつくようなアイデアですが。「── と大多数の科学者は考えています」なんてテレビでアナウンサーが言っていたとしたら、「お前、一体何人にインタビューしたんだよ？」と突っ込むようなイメージですかねえ。

「常識を疑う」と意味合いは似ているのですが、この本では「counterintuitive」（いい日本語がないですが、あえて言えば「直観に反する」「常識と違う」という意味です）という言葉もしょっちゅう使わせてもらいますが、**人々が当然だと思っていることと現実が違う**ということです。株式投資にとってはとても大事な概念です。有名な例では、「湿った空気は乾燥した空気より軽い」とか、「40人のクラスで誕生日が誰も重ならない確率はいくらか？（答えはネットで）」とかありますけど直観とは逆ですよねえ。

　私は、科学者が仮説にすぎないことをあたかも真実のように話したり、権威ある人が断定的な言い方をしたりするのを見ると、本能的に「それって本当なの？」と思ってしまいます。それは小学生の頃から学校の教師が大嫌いだったからかもしれません。

　断っておきますが、科学者が自分の信じることを熱っぽく真実であるかのごとく語るのは当たり前のことです。自らの研究者生命をかけて仕事をした成果なわけですから。

　問題は、受け取るほうが仮説にすぎないことを真実だと思ってしまうところにあるのです。「それって仮説だろ」と思っていればいいのです。口に出しては言わないでくださいよ。喧嘩になり

ますから。

　科学者や医者のほとんどの主張は仮説です。もっともそれは有力な仮説なのかもしれませんが仮説は仮説です。科学は確かに進歩はしましたが、わからないことのほうがわかっていることより圧倒的に多いのです。それを勘違いしている人が世の中に多すぎる気がします。

「教科書に書かれているから正しい」と思うな

　少し専門的で株式投資の話とは直接関係ありませんが、私が数年前にとてもショックを受けた出来事について書かせてください（米国の大学受験の問題集で出くわして、それが何のことかわからず調べてショックを受けました）。

　それは「血友病（血液が凝固しにくくなかなか止まらない遺伝病）」についてです。「血友病が基本的に男の病気である理由」は、高校・大学で学ぶ生物学の性染色体（Ｙ、Ｘ）の説明に出てくる定番の事例の一つでした。「Ｘ染色体上に血液凝固遺伝子があり、その遺伝子が不全だと血液凝固因子が生産されない（出血が止まらない）。男性はＹとＸが１個ずつなので、悪性の遺伝子がＸ上にあれば血友病になる。一方、女性の場合はＸＸとＸが２つあるので、一方が異常でも片方は正常となる（両方が異常という確率はほぼゼロ）。正常な遺伝子がdominant（優性。ただこの言葉は使われなくなるそうですが）で、異常な遺伝子はrecessive（劣性。こちらも同様）なので、細胞内ではdominantな正常な遺伝子だけが発現し、結果としてどの細胞でも正常に血液凝固因子が生産される」と教えられてきました。

24

　しかし、これは大ウソだったのです。ここでは詳しい話はできませんが、簡単な説明はします。

　簡単に結論を言えば、血友病遺伝子を保因する女性も大雑把に言うと非保因者に比べて血液は凝固しにくいのです。女性の血友病保因者のX細胞の半分は正常に血液凝固因子を生産できても、残り半分は血液凝固因子を生産できません。だから、男性の保因者ほど深刻ではありませんが、月経がひどかったり、歯の治療の際に出血がなかなか止まらなかったり、また出産時に危機的状況に陥る可能性もあります。

　過去、長年にわたってウソが常識だったために女性の保因者はひどい目にあってきました。出産時に亡くなられた女性の保因者もおられたでしょう。今では女性の保因者への理解が進み、出産時には相当しっかりした準備がなされるようです。

　私がショックを受けたのは過去の生物学の誤りそのものについてではありません。科学的な誤りなど世の中には掃いて捨てるほどいっぱいあります。何も珍しいことではありません。

　私が大学で生物学を学んでいたのは1978年。実はそれ以前の1960年代にはすでに血友病遺伝子にかかわる教科書の記述は間違いだと明らかになっていたのです。それなのに1978年になっても（たぶんその後数年間も）ウソが堂々と教えられていた事実に私は大きなショックを受けました。これは「教科書に断定的に書かれていることはすべて真実だ」という思い込みがもたらした悲劇です。

　後で「確率」について書いたところでも触れますが、**もっとも**

らしい常識でも、「99.99%」正しいとは思っても100%正しいと思うのは有害だというのが私の結論です。特に、株式投資の世界においてはなおさらです。

　血友病の例は株式投資の本には不適切だったかもしれません。「デタラメだったマクロ経済学」のほうがこの本の趣旨には合っているかもしれないですね。

　最近、マクロ経済学の教科書を読んだのですが、私が学生時代に読んだ教科書とはまったく違っていました。基本、昔のマクロ経済理論はデタラメだったと思います。今の理論もかなり怪しいのですが。

　そもそも、マクロ経済学は学問と呼べるのですかねえ？　マクロ経済学とは、基本的に「人間がどう行動するか」ということですが、同じ状況に置かれても人間は過去の経験から学びます。結果として同じことが繰り返されるとは限らないわけです。

　後で書きますが、コロナのパンデミックで2020年3月に相場は暴落しました。経済への影響も甚大だったと思います。でも、第二波の到来時、第一波よりもはるかに感染者数が多かったにもかかわらず、第一波ほどのショックはありませんでした。その severity（被害の程度）に応じて経済への悪影響があるわけではないのです。つまり、実験室で実験を行うような再現性がないということですね。

　30年前に「そのうち先進国はゼロ金利を経験するだろう」と正しく予想したマクロ経済学者がいたとしたら、学界から追放され、大学を解雇されていたと思います。「マクロ経済学」より「ミクロ経済学」のほうがよっぽど役に立つ、というのが私の結

論です。

すべての情報にはバイアスがかかっている

「今日、北海道で軽乗用車に乗っていた老人2人が衝突事故で死亡」

　これを読むと、バイアスのかかっていない事実だけを述べたニュースに見えますよね。

　でも、記事を書いた人にはこの記事をことさら強調したい理由があったのかもしれません。「高齢化による運転リスク」を強調したいのかもしれませんし、「軽自動車が安全でない」ことを主張したいのかもしれません。

　また、バイアスというのは必ずしも「情報の出し手」が意識しているとは限りません。「自分の発する情報はフェアでバイアスはかかっていない」と思っている方でも無意識にバイアスがかかっているケースは多いと思います。

　もし、沖縄で同じような事故が起きていたらどうでしょう。なぜ、沖縄の事故は自分の目に留まらなかったのでしょうか。「なぜこの情報が今日私の目に留まったのか」まで考えると「すべての情報はバイアスがかかっている」と思ったほうが無難でしょう。

　ここで、バイアスのかかっている情報の出し手を非難するべきではありません。私やあなたの発言にもバイアスがかかっているのですから。書き手は自由に好きなことを書けばいいのです。ただ、受け手が自分で考え、バイアスについて判断すればいいだけ

27

の話です。情報のバイアスについて判断する際、まず一番大事なことは「誰が発信したものか」を知ることです。誰が発したかわからない情報は、情報としての価値が著しく劣ります。

　余談ですが、私はヘッジファンドのメンバーを探すためにたくさん面接をしてきました。面接での質問にはこういうものもあります。

「今、私がサイコロを取り出して投げるとします。６の目が出た場合、次に６が出る可能性は？」

　もちろん相手は６分の１と答えます。

　では、もう１回振って再び６が出たらどうでしょうか？　３回目も６の出る確率は６分の１なのでしょうか？　３回目も６が出たとして４回目も６分の１なのでしょうか？

　もう気づいた方もいらっしゃるかもしれませんが、ここで一番重要なポイントは「私が取り出したサイコロ」というところです。当然、サイコロに細工がしてある可能性を疑うべきでしょう。

　これが「面接で使うサイコロを一つ用意してくれ」と相手に準備させたものならどうでしょう。細工の施されている確率はほぼゼロです。「誰が用意したサイコロか」で答えはまったく違ってくるのです。もっともその場合でも、９回続けて６が出て10回目に６の出る確率を聞いた場合に「６分の１」と自信満々で答えてもらいたくはないのですがね。自分が準備したサイコロですら、もしかすると細工されたものである可能性も完全にゼロではありません。あるいは、サイコロを投げる前に私がうまくすり替

28

えた可能性もあります。

　サイコロで6が出る確率は6分の1だと信じ切ってしまうと、その後の有益な情報をかたくなに拒否することになります。**ほんの少しでいいから「そうではない確率」を頭の中に残しとかないと。**

バイアスを味方にする

　株式投資を考える際、この「バイアス」はとても大事です。

　大多数の投資家の判断に強いバイアスがかかっていれば投資のチャンスです。後で詳しく申し上げますが、倒産したJALの再上場の際、旧JAL株や債券で大損した機関投資家はJALを忌み嫌ってピカピカのバランスシートになって再上場したJALを正しく評価しようとしませんでした。

　ほかにも、1980年代の日本の土地・株のバブルで一部の不動産会社はヤクザぐるみで「地上げ」をやっていたのでイメージが悪すぎ、今でもまだ中小不動産会社の株は強烈に割安です。電子部品商社なんかも最近でこそ少し評価が上がりましたが、ずいぶんと割安な状況が続いていました。「物を作っておらず、卸として商品を横流ししているだけ」あるいは「売掛債権がいつか不良債権化して大赤字になるかもしれない」という評価だったのでしょうか。コロナ禍で我々がメガバンクに大きく投資した時も「フィンテックがあればもう銀行はいらない」という強烈なバイアスがかかっていました。我々ヘッジファンドはこのバイアスを食い物にして生きています。

繰り返しになりますが、ここでも「科学者」「研究者」の研究結果には注意が必要です。場合によっては熱心に研究をすればするほど、研究成果にバイアスがかかってくるという事例も出てくるでしょう。

　研究者には研究の継続、研究費の確保のため、とんでもないプレッシャーがかかっているのです。データの捏造とか日常茶飯事ですよねえ。見つからずに見過ごされているちょっとした捏造は膨大にあると思います。データが自分の仮説と違っていた場合、下手すると研究予算が打ち切りになるかもしれないですから。

　昔、石油会社で太陽光パネルの素子を研究しているところがあり、その会社が「発電効率の高い画期的な素子を開発した」という話がありました。その会社の社長が前のめりになって1000億円以上投資することになったのですが、あれからその話も聞かなくなりましたからねえ。おそらく研究者が騒ぎ立てたデータが「チャンピオンデータ（自分に都合のいいデータ）」で発電効率を過大評価していたのではないかと私は疑っています。

　アナリストが発する意見にも要注意です。例えば、CNBC（米国株の解説番組）では米国人の中国株専門アナリストが中国の経済や中国株について解説することがあります（残念ながら日本株の専門家をこの番組で一度も見たことがありません）。

　彼らは、決まって中国株にあまりネガティブな発言をしません。当然です。中国政府ににらまれると、怖くて中国に行けなくなりますからねえ。それに、彼らの顧客の多くは米国の中国株ファンドです。顧客は自分のファンドの運用資産が増えることを希

望しているのです。ネガティブな発言をして中国株ファンドから資金が流出し、顧客を怒らせてしまったら失業するかもしれません。何せCNBCですからみんな見ているわけですよ。

　では、コメントを聞く意味がないかといえばそんなことはありません。ちゃんと出し手のバイアスを「補正」して聞けばいいのです。少しでも「ネガティブっぽいニュアンス」でしゃべったら聞き逃さず、「かなり重大な問題があるんだな」と判断すればいいだけの話です。

情報収集に金をかける必要はなし

　投資判断に必要な情報はどうやって集めたらいいのでしょうか？　私の例で説明しますが、私はプロのヘッジファンドマネージャーだったので、多少は情報収集に費用がかかっても大丈夫でした。後でも説明しますが、個人投資家の方で「200万円を新NISAで株式投資。うち100万円はTOPIXのETF、残り100万円で複数の日本の割安小型株投資」程度の投資を考えている場合は、情報収集にお金をかけるべきではないと思います。

　私も情報収集にはできるだけお金をかけないようにしてきました。ブルームバーグや日経の子会社がやっているクイック情報端末などの高価な情報源は数年前に全部解約しました。結果として、パフォーマンスにはまったく悪影響はなかったと思います。

　新聞や複数の雑誌を定期購読すると合計で月1万円以上になってしまいます。年間12万円以上です。そのお金で1200円の株を100株買えるわけですよ。**とにかく個人投資家の方は節約をして株を買う元手をためることが何より大事です。**

「何か一つ役に立つ有料の情報源を選べ」と言われたら、私は迷わず東洋経済の「会社四季報」だと答えます。オンラインのベーシックプランだと月1100円です（5500円のプレミアムプランとか値段が高すぎて論外です）。オンラインのサービスなら字も大きくて見やすいし、会社のホームページにも飛べるのでとても便利です。ちなみに、ホームページは無料で見れますが有益な情報の宝庫ですよ。

　新聞雑誌を含む他の有料サービスはまったく必要ありません。ぜひ節約してできるだけ多くの株を買ってください。今や世の中は無料の情報源であふれかえっています。世の中で起きている大抵のことはそれでわかります。わざわざ個人投資家の方が情報にお金を使う必要などありません。

　一方、個人投資家は自分がお金儲けするだけですが、金融のプロならばある程度の知識がないとお客さんの質問にも答えられません。お客さんに「今日、日経新聞の一面に載ってたあの話。どう思われますか？」と聞かれて、まさか「日経新聞は読んでいません」とか言えないですよ。

　そこでここからは私が使っている情報源について紹介します。以下のような人たちにとっては参考になるかもしれません。

　1. 投資顧問会社の運用担当者
　2. 証券会社、銀行等、金融機関に勤務する方でお客と接する方
　3. フィナンシャルプランナー
　4. コンサルタントなどで専門的な知識を吸収したい方

5. ビジネスのアイデアを貪欲に探しておられる方
6. 株式投資が趣味で勉強したい方

　株式投資の世界では、その運用スタイルによって何を情報源にしたらいいのかが変わると思います。以下は、ボトムアップアプローチ（後で詳しく説明します）と言って、個別の企業の資産価値や業績の伸び率、及びその企業が属する産業のリサーチに重きを置く運用における情報収集方法だとお考えください。

　まず積極的に見るニュース番組はCNBCです。日本は閉じた国ではありません。貿易も多く、世界経済の影響を大きく受けます。金融市場も開かれており、日本の株式市場は外国人投資家の動向に敏感です。「金融のプロ」を標榜するなら英語の情報源にはアクセスしないと。日本語の情報源だけに頼って世界を語るのは金融のプロらしくないと思います。

　ただ、英語が苦手なプロの方にも多少の救いはあります。例えば日経CNBCの「朝エクスプレス」の「海外市場振り返り」などは日本語番組の中では優れていると思います。この番組では、日本の株式市場全体、あるいは個別銘柄の動きなどもかなり正確にしかも簡潔に教えてくれます。コメンテーターの方の質が高く、解説もとてもわかりやすくて便利です。

　あえてこの場を借りて注文させてもらうならCNBCに倣って「番組はショーだ」と割り切り、「売り推奨」するアナリストと「買い推奨」するアナリストが議論するような場面も欲しいですね。

話はそれましたが、紙の媒体についてはどうでしょうか？　紙媒体というのは情報媒体としてはいずれ姿を消すでしょう。私は古い世代の人間なので、新聞は「日経新聞」、雑誌は「日経ビジネス」と「週刊ダイヤモンド」を定期購読しています。

「日経ビジネス」は会社寄りのほとんどPRのような「よいしょ特集」が満載で、企業に批判的な記事はあまり載りません。しかし、だからこそ特集で取り上げられた会社については相当深いところまで入り込んだ秀逸な内容となっています。

「週刊ダイヤモンド」には、足で取材した「あっぱれ！」という素晴らしい特集が多いですね。会社寄りのよいしょ記事など載りません。ジャーナリズムの気骨が感じられる雑誌です。

　また企業・経済についての暴露系情報誌として私がとても重宝しているのが「FACTA」と「選択」です。どちらも企業に忖度のないリアルな情報が満載ですが私にとっては貴重な情報源であると同時に最大級の「娯楽」です。私は引退したので新聞・雑誌はこれから解約していこうと思っていますが「四季報オンライン」と「FACTA」だけは死ぬまで解約しないでしょう。

　なお、小型株のリサーチにはマスメディアはほとんど必要ありません。個人投資家の方は、この後説明する手法で割安な小型株を何銘柄か買って終わりです。

　一方で、運用資産の大きい機関投資家は小型株だけに投資をするわけにもいかず、中型株、大型株にも投資をします。そのため、常に「大型株と小型株ではどっちが割安か」を大雑把に把握しておく必要があります（機関投資家のポートフォリオマネージャーでも100億円で小型株の運用をして一生を終わるならマスメ

ディアはいらないと思いますが）。大体は常に小型株（マザーズ銘柄を除く）のほうが大型株より割安ですが、機関投資家の場合、小型株を売買すると大きなマーケットインパクトが発生します。だから、大型株と比較して小型株の割安さにそれほど魅力がないなら、わざわざ小型株を買わないかもしれません。そのため、我々もそうでしたがやはり機関投資家を含む投資のプロなら、大型株に投資する可能性を常に考えておく必要があり、ある程度の株式市場全般の知識は必要だと思います。

　我々は2019年後半まで、ロングは小型株中心の運用で、大型株はほとんど見ていませんでした。大型株でリサーチするのは極端に割高なショートの候補だけでした。

　でも、2019年後半から大型株の割安さが目立ってきました。そこで我々も大型株リサーチにエネルギーを割き始めます。おかげで2020年３月にコロナで株価が暴落した際には、買いたい大型株のリストはすでに出来上がっていました。

　大型株に投資したり空売ったりするためにはマスメディアやアナリストのコメントをフォローする必要があります。そうでないと何が相場に織り込まれているのか（コンセンサスが）わかりませんから。もちろんアナリストの意見を聞いたりメディアをフォローしたりするだけで運用成績が上がるとは限りません。前にも書いた通り大型株は難しいんです。でもコンセンサスを知ろうと努力もしないようでは土俵にも立てません。

　その点、割安小型株はマスメディアも含めほとんど誰にも相手にされてないのでコンセンサスを知るためにマスメディアに頼ら

なくてもいいのですよ。

　もし、その割安小型株をあなたが「成長株」だと思って投資して「実は違った」という場合でも、あなたが損をする可能性は低いと思います。だってそんな割安株、成長すると思っている人なんてほとんどいませんから（この議論はとても大事でこの本の根幹部分です。第3章の「割安小型成長株投資」の項目に詳細が書かれています）。

　でも、もしその割安小型株の出来高が急増していて株価が上がっていたらどうでしょうか？　おそらく、その会社が「成長する」ことを期待している他の投資家がいるということですから、買うと損をするかもしれません。とにかく値上がりした株はできるだけ買うのを避けるのが私の基本的な考えです。

情報収集のための「投資クラブ」

　お金儲けをするのに最も有効なのは他の投資家がアクセスできない、あるいはアクセスしようとしない**「非伝統的情報源」**です。つまり、マスメディア、アナリスト、会社の開示以外の情報源です。例えば、仲の良かった大学の同級生が働いている会社の情報を彼からもらうとか。

　その場合、注意しなければいけないのがインサイダー情報です。「情報の提供者」「情報の受領者」の双方が、何がインサイダー情報に当たるのかわかっていなければいけません。

　そのようなリスクはありますが、私はこのような「非伝統的情報源」は積極的に開拓すべきだと思います。会って話すときに「その会社の情報」ではなく、その会社が属している「業界の情

報」をもらえば基本的にはインサイダー情報にはなりません。

　これから株式投資が当たり前の世の中になれば、投資の情報交換のための「投資クラブ」を作り、メンバーが働いている会社の業界情報を提供しあうのも面白いかもしれないですね。できるだけ多くの業種にわたってメンバーを集めれば強力な情報ネットワークができるかもしれません。

　その意味でも、私は個人投資家が若くしてプロの投資家になるのをあまりお勧めしたくありません。プロになったら自分の属する業界情報を提供できなくなります。そうなれば、情報をもらうことも難しくなりますから。

　プロの専業投資家にならないメリットはほかにもあります。株式投資で大儲けするには暴落時に思いっきり買うのが手っ取り早い方法ですが、それにはリスクが伴います。正確に言えば、実は暴落した株を買うリスクは少ないのですが、そのときは大きなリスクを取っている感覚になります。つまり、恐怖を感じるのです。その恐怖に打ち勝つためにも、ちゃんとした仕事に就いていたほうがいいと思いますね。仕事があるおかげでリスクを取る気持ちになれるかもしれないからです。専業で株式投資をしている個人投資家より儲かるかもしれませんよ。

　もちろん投資クラブというのはいろんな問題をはらみます。教祖みたいな人がいる投資クラブは、昔で言う「仕手筋」と同じで避けるべきです。また、「みんなで同じ銘柄を買いに行こう」というパターンもほぼ確実に問題が起きます。

　投資クラブはあくまでも情報の交換の場として、買う銘柄はそ

れぞれバラバラというのが理想でしょう。

　投資クラブに参加できる条件は、「原則誰でもOK」から「厳格な会員制」までいろいろあっていいでしょう。ただし、「誰でもOK」の投資クラブだと荒んでくると思います。自分が買ったなかなか上がらない株を無理に推奨したり、嘘の情報を流したり。オンライン、オフラインを問わず、仮名ではなく実名を明らかにしたうえで情報を発信しないと投資クラブの質は保てなくなると思います。

　その意味では、やはりある程度の「規約」があって、メンバーが実際に顔を合わせる機会があるほうがうまくいくのではないでしょうか。

　ある日突然、ぼろぼろのコートを着たぼさぼさ髪の男がやってきて、ものすごい形相で「上がる株を教えろ！　金はここにある。知り合いや闇金から借りられるだけの金をかき集めてきた。儲かったら報酬は出す。損したらお前らを殺して俺も死ぬ！」とか言われたら、もう警察を呼ぶしかないですよ。

　とにかく、株式投資は生活が切羽詰まった人間がやるべきことではないと思います（年収の低い方、学生の方にもぜひ株式投資をやっていただきたいのですが、あくまでも節約して余裕資金を作り出しての話です）。投資クラブを楽しく有益なものにするためのキーワードは「余裕」「寛容」「ユーモア」だと思います。あくまでも趣味でやっている、という姿勢が投資クラブを盛り上げるポイントになるのでは。

投資家は相場に勝てるのか——効率的市場仮説

　ここで、「投資家は相場に勝てるのか？」について考えてみましょう。この議論は「効率的市場仮説」と呼ばれてきました。この仮説では「市場はすべての情報を織り込んでいて正しい。だから投資家は市場に勝てない」と主張します。

　今でこそこんなくだらない議論はしなくなりましたが、昔は延々と議論していたんですよ。インデックスファンドが米国に登場したあたりにこの議論は盛んだったようです。日本であれば、日本株に投資してTOPIXのパフォーマンスに勝てるかどうかということです。

　果たして、この主張は正しいのでしょうか？　「効率的市場仮説」と言っても、その主張によって若干ニュアンスが異なるので次の3パターンに分けて考えてみることにしましょう。

1.市場は常に正しい。

　まず、極端な主張から考えていきます。これはもちろんウソです。株価は毎日動きます。昨日の株価が正しければ、なぜ今日の株価と違うのでしょうか？　今日の株価が正しければ昨日の株価は間違っていたことになります。

　人間は間違いを犯します。だから、もし市場が大多数の投資家の総意であるならば、市場も当然間違いを犯すことになります。「パニック売り」「バブル」など、市場が間違っていた証拠はたくさんあります。

　この「市場は常に正しい」という言い回しは、「戒め」の意味

合いで語られるべき言葉だと思います。「私の戦略は論理的だ。ただ市場が非論理的だった。損はしたけど私は正しい」といった、およそプロの発言とは思えないような言い訳をする運用責任者がいます。つまり、「市場は常に正しい」というのは、「自分は悪くない。悪いのは市場だ」という情けないポートフォリオマネージャー（運用責任者）に対して「自分が失敗したって認めろよ」と諫めるための言葉ですね。

2.市場はほぼ正しい。

市場は手に入るすべての情報を織り込んでいる。だから、結果として市場が間違っていたとしてもそれぞれの時点では市場はベストな判断をしているわけでほぼ正しい。その市場を出し抜くのは不可能。市場参加者の一人にすぎないあなたの情報も市場には織り込まれている。従って、インサイダー情報でも持っていなければあなたが市場に勝つのは不可能。市場はその日に入ってきたすべての新しい情報を織り込んでその結果として株価は毎日変化する。

これは一理ありますねえ。でも、私は違うと思います。確かに市場は膨大な情報を織り込んでいますが、この考えだと「多数派は常に正しい」ことになりますよねえ。実際には、あなたが少数派でも正しいことはあり得るわけで（だからこそ）大きく儲けることができるのです。

3.市場は間違っている。

でも、何をどう間違えているかは市場の一参加者であるあなた

にはわからない。それを予想しようとしても、当たったり外れたりで結果として継続的に市場を上回るリターンを上げることは困難だろう。

これについては後で説明します。

ここでこれらの議論がいかに不毛なのかを考えてみましょう。それは「市場」という言葉を漠然と使っているからです。

あなたに行きつけのレストランチェーンがあったとします。この会社は上場していて、あなたは株価をよく見ています。ある時、経営者が変わり、人件費を減らしてコストを削減し、増益になります。株価はそれを好感して上がりました。

でも、店員の数が減ったために、なかなか注文を取ってもらえなかったり、料理が出てくるまでに時間がかかったり、店が汚くなったりします。結果、このレストランに来る人数は減り始めます（実はこれってよくある話なのですよ）。もちろん、いずれ月次の既存店来客数は発表になりますが、あなたはいち早くそれに気づいて、その数字が公表される前にその株を空売って儲けることができるかもしれません。悪い数字が公表されれば、おそらく株価は下がるでしょうから。

この例だけでも「市場は常に正しい」という主張は嘘だとわかりますし、市場を出し抜けることがあることも証明できます。

私の結論を簡単に言えば、**「投資家はマクロで勝つのは非常に困難だが、ミクロでは勝てるチャンスが多い」**ということです。マクロとは日経225、為替、金利のように経済全体にかかわるよ

うな指標のことです。ミクロというのはその逆でさっきのレストランの例を思い浮かべてください。

　私が証券会社に雇われて「日経225の先物を売り買いして稼げ」と言われたとしましょうか。1ヵ月以内にクビになると思います。為替のディーラーとして雇われてもすぐクビになるでしょう。明日の相場がどうなるかなんて私にはまったくわかりません。

　もちろん、いついかなる時も株式相場全体の動きがまったく予想できないわけではありません。市場が合理性を失ってしまう、まれに起きるパニック売りの時などは日経225株価指数先物や大型株の売買で儲ける瞬間的なチャンスはあるのです。

　我々のファンドでも、国債の先物をショートしてけっこう儲かったことが一度だけありました。でも、「今日、国債の先物は売りか買いか?」と聞かれても見当もつきません。為替、株式市場、国債のような大きな市場（マクロ）では相場の予想は通常は不可能なのです。日経225の先物を毎日売り買いしている個人投資家は長い目で見るとたいして儲からないと思いますよ。競馬や宝くじよりはマシなんでしょうけど。

　市場がわずかの間に見せる隙を狙った大型株トレードを実際の例で紹介しましょう。

　私は2017年、咽頭がんの手術で声を失って自信をなくしました。退院してほどなくした頃です。「神戸製鋼所の不正検査」が報じられ、翌日売り気配で始まることが確実視されました。私はこのトレードを成功させ、失った自信を取り戻そうと決心しま

す。

　私は「寄り付くまでが勝負だ」と思い、朝8時から9時までの1時間、部下の2人と一緒にできるだけの情報を集中的に集めました。不正検査が行われた鋼鈑は車のボンネットに使われていましたから、車をリコールして取り換えることになれば膨大なコストがかかります。我々の結論は「車のボンネットの取り換えはないだろう」ということで、売り気配に買いをぶつけ儲けました。

　ここで申し上げたいのは、運用を始めてから20年余りの間で神戸製鋼所の勉強をしたのがたった1時間だけだということです。ただし、この1時間は3人とも神戸製鋼所のことしか考えませんでした。寄り付きの瞬間までの1時間、アナリストに電話をかけまくり、ウェブで情報を集め、我々は集中して市場を出し抜いたのです。イメージでいうと、太陽光では火はつきませんが、凸レンズで焦点を当てれば発火するのと同じ感覚です。この日の寄り付きまでが勝負で、寄り付いてしまったらもうリサーチする必要はありません。反発したところで売ってトレーディングは終了。その後は神戸製鋼所のことは忘れてしまいました。

　つまり、「市場」はそれまでの数十年間、我々よりもはるかにたくさんの知識を神戸製鋼所に関して蓄積していたのです。それでも、その日8時から寄り付きまでの1時間ちょっとの間だけは「市場は正しい確率を探り損ねていた」ということなんだろうと思います。

　通常、市場は合理的です。市場が織り込んでいる情報はどの投資家が持っている情報より幅広く深いのでしょう。だから、**大型株で投資家が儲けるためには「市場が見せる一瞬の隙」を逃さな**

いことです。まあ割安小型株の場合には驚くほど隙だらけなのですがね。

　先ほどのレストランの話の続きをしましょう。もし、証券会社のアナリストがこの会社をよくフォローしていて、そのレストランにもしょっちゅう食べに行っていたとしたらどうでしょうか？あなたが空売りする前にアナリストが「この会社は短期的に利益を上げるためにコストを下げたが、結果として来店者数は減っている。この株は売り」というネガティブなレポートを出して相場が織り込んでしまう（株価が下がってしまう）かもしれません。そうなると、もうあなたには儲けのチャンスはありません。

　その企業をフォローしているアナリストの数が多ければ多いほど、異変が起きた時、アナリストに察知されやすくなり、アナリストに出し抜かれる確率が高くなります。結果として投資家は儲けにくくなります。

　私はソニーの株価が将来どうなるかまったくわかりません。あまりに事業が多すぎて全体としてどうなるのかまったくわからないのです。アナリストのフォローも多いですし。一年間熱心に勉強しても儲けにはつながらないでしょう。だから、そういう株のリサーチは原則しないのです。私のソニーに関する知識はほぼゼロです。

　時間は有限です。皆さんの多くがそうであるように、ほかに仕事があって株式投資を片手間にやるのだったらなおさらです。何かに時間を使いたければ何かに時間を使うのをやめなければいけません。

　私は、小型株にしても大型株にしても、割安でなければ買わないため割高な株のリサーチはほとんどしません。割高な大型株の場合は、さらに割高になって、空売りのアイデアになったときだけ集中的にリサーチすることはありますが、割高な小型株は完全に無視します。それは、小型株は株券の調達が難しく、空売りが物理的にとても困難なので空売りのアイデアにもならないからです。

　小型株の株券を運よく借りることができて空売っても、小型株の株価は乱暴に動くので売った後にさらに暴騰するかもしれません。その時にもっと借株して空売りを増やそうとプライムブローカー（ヘッジファンドの資金をすべて預かり、空売りのための株券を貸したり、保有株を担保に資金を貸し付けたりする証券会社）に電話すると、「ちょうどよかった。こっちから電話しようと思っていましたよ。株券返せ！」みたいな話になるのです。その小型株がインデックスファンドにでも入ってなければ、持っている人は暴騰した時に売りたくなりますよねぇ。だから返せということになるわけです。すると私は、すっ天井で買い戻さなければいけなくなり大損してしまいます。

　特に、マザーズ市場（今のグロース市場）は割高小型株で溢れています。だから、私はマザーズ銘柄の8割方は何をやっている会社なのかよくは知らないし、名前さえ聞いたことがない（覚えていない）銘柄も4割ぐらいはあると思います。もしソニーが事業を分割して100社になったらそのうち人気がなくてPER（株価収益率）が低い2社ぐらいはフォローするかもしれません。

後でまた書きますが、ITバブルの時に来たインド人の投資家がこう言っていました。

「日本株のヘッジファンドにはチャンスがある。日本では上場会社の時価総額に対し、アナリストのフォロー数が相対的に少ない」

　本当かどうかは知りませんが、例えば時価総額3000億円の会社があったとして、他の先進国なら平均4人がカバーしているけど日本は3人だ、みたいな話です。

　この点、私が集中的に見ている**割安小型株はアナリストのカバレッジがほぼゼロですからチャンスは大いにある**わけですよ。しかも会社のビジネスラインも限られているのでリサーチも楽だし。

　日本の株式市場を、大型株を含めて漫然と勉強していたのではエネルギーが分散してしまい相場に勝つのは難しいと思います。それは「効率的市場仮説（あなたは勝てない）」の言うとおりです。

パッシブ運用 vs. アクティブ運用

　40ページの「3. 市場は間違っている。でも継続的に市場を出し抜くのは困難」という仮説にもう少し説明を加えます。株式市場の世界ではよくパッシブ運用（passive）とかアクティブ運用（active）とかいう言葉が出てきます（発音としてはパシッブなのですが、なぜか日本語ではパッシブになっています）。ここでそれらの意味をはっきりさせておきましょう。基礎的な話なので株

図表1

	トヨタ	日産	当初 NAV	1年後 NAV	リターン
A社	5株	5株	1000円	1500円	+50％
B社	8株	2株	1000円	1800円	+80％
C社	2株	8株	1000円	1200円	+20％
TOPIX	15株	15株	3000	4500	+50％

注：この表の「リターン」は運用フィーを考慮していません。

に詳しい方は飛ばしてください。まず原理を理解するためにごく簡単なモデルで説明します。

　東証にトヨタと日産の2銘柄だけが上場しているとします。株価は当初両銘柄とも100円で発行済み株数はともに15株であるとします。両銘柄のそれぞれの時価総額は1500円ずつになり東証の時価総額は合計3000円です。これを東証株価指数（TOPIX）のスタートとしましょう。つまり今のTOPIXは3000です。投資家はA社、B社、C社の3つの投資顧問会社しかいないとしましょう。それぞれ個人投資家のお金を1000円ずつファンドで運用しています。A社は東証のウエイト（重み）と同じくトヨタに5株、日産に5株投資しているとします。B社はトヨタ株に強気でトヨタに8株投資、日産に2株、C社は逆に日産に強気で8株投資、トヨタには2株しか投資していません。さて1年後日産の株価は変わらず100円のままでトヨタの株が200円になったとします。上の図表1にあるNAVっていうのも面倒な言葉なんですが、純資産、あるいはそれを口数で割った基準価格（ファンドの値段、あるいは価値）だと気にせずお考えください。

　TOPIXにおけるウエイトは当初トヨタ、日産、1：1です。こ

れをマーケットウエイトとも言います。A社はこれと同じウエイトで運用をしていました。だからリターンもTOPIXと同じになるのです。A社のようにTOPIXと同じウエイトで運用し、従ってパフォーマンスもTOPIXと一致する運用をパッシブ運用といいます。TOPIXというインデックスにパフォーマンスが一致しているためインデックス運用と呼ばれることもありますが。またA社の運用資産を取引所で売買できるようにした仕組みがETFです。従ってTOPIXのETFを市場で買えばパフォーマンスはTOPIXと同じになります。

　パッシブ運用以外は全部アクティブ運用です。個人投資家の方がトヨタを1株買ったとするとそれもアクティブ運用です。TOPIXとパフォーマンスが一致しない運用は全部アクティブ運用といってもいいでしょう。A社はTOPIXのウエイトに従って銘柄を買って持っているだけです。従ってリサーチのコストは一切かかりません。一番売買手数料の安い証券会社に買い注文を出すだけです。それに対しB社、C社はトヨタ、日産どっちをいっぱい買ったらいいのかリサーチをして決めています。それぞれのリサーチの結果、B社はトヨタをオーバーウエイトにしたのに対し、C社は日産をオーバーウエイトにしました（オーバーウエイトというのはTOPIXのウエイトより大きいウエイトになるということです。その反対がアンダーウエイトです）。アクティブ運用はリサーチのコストがかかるので運用フィーがパッシブ運用に比べて格段に高くなります。日本株のアクティブ運用なら最低1％はかかります。それに対しパッシブ運用のフィーは0.1％程度ですから大雑把にゼロと置いてアクティブ運用とパッシブ運用では運用

フィーで１％程度の差があると考えてください（株式の売買手数料もパッシブ運用のほうが安いのでトータルでは１％以上の差になります）。

　さてここからが本題です。Ｂ社の成績はTOPIXを上回りましたがＣ社は下回りました。ではＢ社のファンドとＣ社のファンドに同額投資していた投資家はどうなるでしょう。結果は明らかにTOPIXと同じ＋50％になりますが運用フィーを入れると＋49％のリターンとなります。つまりパッシブ運用以外のアクティブ運用のファンドを全部足すとパッシブ運用になってしまうのですが運用フィーの１％分、絶対にパッシブ運用に負けるのです。ということはあてずっぽうにアクティブ運用のファンドを選ぶと確率的にパッシブ運用に負けるということです（厳密にいえば下げ相場で株式にフルに投資せず現金を持っていればアクティブ運用全体でTOPIXに勝つことはできますが、もし上げ相場になった時その分まるまるTOPIXに負けます。）Ｂ社がこの年だけでなく来年も再来年もTOPIXを上回る成績を残すのならもちろんパッシブ運用のＡ社よりＢ社の運用するファンドに投資をした方が得です（もちろんその場合、Ｃ社は来年も再来年もTOPIXに負けることになりますが）。もう焦点がどこにあるのかおわかりですね。

1. 大型株のアクティブ運用で長期的にTOPIXを上回る成績を残せる投資顧問会社はあるのか？
2. 仮に存在したとして投資家はそれを事前に見分けてその投資顧問会社のファンドに投資できるのだろうか？

　40ページの「3. 市場は間違っている」の主張は1.に対して疑問を呈しているわけです。「日本の大型株のファンドだと継続的に

TOPIXを上回っていくファンドというのはあってもかなり珍しいのではないか」というのが私の印象です。2.の「投資家がそのようなファンドを事前に正しく見つけ出し投資をする」のはさらにハードルが高くなります。過去の実績が良かったからといって今後も良い成績が続く保証はどこにもありません。過去パフォーマンスが良ければ運用資産が急激に増え運用難に陥る可能性だって高いのです。個人投資家が「今後のパフォーマンスが良くなるアクティブ運用のマネージャーを探し出す」のは「TOPIXの成績を上回る大型株を見つけ出す」のと同じぐらい難しいことだと思います。従って私の結論は「個人投資家が日本の大型株に分散投資をしたいならTOPIXのETFが一番合理的」ということになります。

　最後に話題はそれますが「アクティブ運用」と似た言葉で「アクティビスト」という言葉がありますから間違わないよう区別してください。まったく違う意味になります。アクティビストというのはアクティブ運用の一種なのですが「投資した会社の経営陣に圧力をかけ株価を上げるように促す」運用手法です。今の日本ではかなり有望な運用手法（後述します）ですがどのマネージャーが優れた成績を残すのか事前に見分けるのは至難の業でしょう。

第2章

ヘッジファンドへの
長い道のり

ヘッジファンドへの道のり 概略

1981年−1984年

　東京大学国際関係論学科卒業後、野村證券に入社。海外投資顧問室に配属。金属、機械産業担当のアナリストとして仕事を始める。入社1ヵ月で海外部門の社員には出世の見込みがないことを発見。おぼろげながら将来は外資系金融機関に転職するだろうことを意識。野村證券での目的は「留学」と「外資系に高い値段で自分を売り込むための準備」となる。野村證券の「客が損して証券会社が儲かる」というビジネスモデルに強烈な違和感を抱き、「客も自分も儲かる」方法はないのか自問。

1984年−1986年

　スタンフォード大学MBA（経営学修士）。ボストンの著名な運用会社でサマージョブ。2ヵ月間、見習いでアナリストとして働くが、古いタイプの保守的な投資顧問会社だったので将来目指す仕事かどうかはピンとこなかった。この時点では、私はヘッジファンドという言葉だけは知っていたが内容は理解できていなかった。

1986年−1991年

　野村證券NY支店に日本株の営業担当として赴任。米国の証券

アナリストの資格（CFA）を取得。外資系金融機関でアナリスト
として働くことを意識。後半には複数のヘッジファンドに出会う。
タイガーマネジメントとの出会いによってヘッジファンドが自分
の夢だと感じる。プライムブローカーの存在も知る。しかし、自
分がヘッジファンドを始める具体的なアイデアはまったくなし。

1991年

　ゴールドマン・サックス証券の日本支店に転職。転換社債担当
となる。外国人のヘッジファンドの日本株市場への参入が増加。
海外の貸株市場、プライムブローカーの仕組みを学び、自分がヘ
ッジファンドを運用することが夢ではないことを自覚。ヘッジフ
ァンドを始めるためにはある程度の自己資金が必要なため、外資
系金融機関で何年か働いて資金の蓄積を目指す。同時にヘッジフ
ァンド参入へのチャンスを模索。

1998年

　タワー投資顧問でヘッジファンド（タワーK1ファンド）をロ
ーンチ。自己資金5000万円をつぎ込む。「時代が自分をヘッジ
ファンドの世界に呼び込んだ」と感じる。

本章では、私がヘッジファンドで働くに至るまでの「昔話」を
させていただきます。私は20代後半の頃、自分の道はヘッジ
ファンドにあるのではないかとなんとなく思い始めました。しか
し、30代後半で実際にヘッジファンドを始めるまでに10年の月
日が経ちました。その経緯について申し上げてみようと思いま
す。

　ヘッジファンドに興味のある方や、大企業で働きながら転職や
起業などを考えておられる方にとっては少しでも参考になる部分
があるのではないかと思います。より具体的な株式投資の手法を
読みたい方は、この章を飛ばして第3章にお進みください。

　転職のパターンや動機は人それぞれだと思います。辛すぎて精
神が壊れそうならすぐに会社を辞めたほうがいいのかもしれませ
ん。ただし、精神的に余裕があるなら、これから紹介する私のケー
スのように「対会社で損をしない辞め方」を考えてみてはどう
でしょう。「俺は会社に搾取された」というネガティブな感情を
持つのは最悪ですよ。「俺は会社をうまく利用した」が理想で
す。働いてあなたが得をしなきゃ（ただしこれは大企業の話で
す。従業員10人のスタートアップでこんな発想で仕事をしてい
たら大迷惑になります）。私の場合は特殊ケースなのかもしれま
せんが、私なりにポイントを整理すると次のようになります。

　1. 今の会社、今の仕事がなんとなく嫌でも、自分が何をやりた
　　　いか具体的にわからない状況で会社を安易に辞めるべきでは

ない。

2. ある程度やりたいことが決まったら、今の会社で給料をもらいながら自分の目指す仕事に必要なスキルが磨けるかどうかを判断する。目指す仕事に役立つことだけを今の会社でやる。

3. やりたいことが決まっても、それを達成する方法は複数あるかもしれない。人生の目的が「一生野球をやりたい」だとしても、プロ野球選手を目指すのが最善な方法とは限らない。やりたいことは今の会社にいてもある程度はできるかもしれない。「ただ好きだからやりたい」のなら趣味や副業でもいいかも。

4. 時代の流れを読む。自分のやりたいことが時代の流れに合っているか考える。そのうえで成功する確率を考える。誰しも自分の人生がかかっているので失敗はしたくないはず。

5. 自分の実力を正しく判断する。いくら時代の流れに乗ったビジネスでも競合する会社や人に勝てなければ成功はできない。自分の独自色を出したビジネスができるかどうか考える。

6. 出会いを大切にする。自分に実力があって人としての信頼があれば、良い話は向こうからやってくる。ここぞと思った時

には思いっきり自分をアピールする。

以上の6つのポイントも踏まえながら、ここからは私のこれまでのキャリアについて語っていきます。伝記のような記述も多く、つまらないかもしれないので株式投資に関する小話も時折挟みました。

野村證券入社──抱いた「強烈な違和感」

野村證券の営業マンが、儲かる株を見つけて顧客に買ってもらったら2年で3倍になった。この営業マンは優秀なのでしょうか?

答えは真逆です（これは決して今の野村證券の話ではありません。40年前の野蛮だった時代の話です。数々の不祥事を経て、現在の野村證券はコンプライアンス重視の立派な優良企業に生まれ変わっています）。

40年前、野村證券にこんな営業マンがいたら支店長にひどく叱責されていたでしょうねえ。「何で売り買いを繰り返しやらないんだ!!」「2年あれば100回以上売り買いして手数料を稼げるだろうが!」というわけです。100円で買った鉄鋼株を101円で売らせる。これが立派な野村證券の営業マンでした（繰り返しますが今は違います）。

101円で売ると、手数料を差っ引くと儲けはごくわずかです。当時の野村證券は割安株など絶対に勧めませんでした。「高速回転商い」という手数料を手っ取り早く稼ぐ方法で勢いのある株を天井近くで売買するのです。40年前の野村證券には「顧客が儲

けて自分も儲かる」なんて発想は微塵もありませんでした。

　当時の営業マンは「顧客を儲けさせた」という自慢は一切しませんでした。そんなことは自慢にならないからです。彼らの自慢は「顧客にどれだけ損をさせたか」と「どれだけ部下をいっぱい辞めさせたか」の2つです。

　私は「客に損をさせたことを自慢する」ことに強烈な違和感を覚えました。野村證券の営業マンたちも最初は違和感を覚えたのだろうと思います。でも、研修や先輩の教育やらで、それが当たり前になっていったのでしょう（私が新入社員だった時の研修部長は、法令違反を犯して表に出て営業ができなくなった「切れ者」でしたし、その下の課長も顧客とトラブルになって裁判沙汰になったモーレツ社員でした。今では考えられませんが）。

　当時、私はヘッジファンドの存在について知る由もありませんでした。ヘッジファンドなど、まだほとんど存在しなかったからです。「顧客が儲かって自分も儲かるビジネスモデルって本当に非現実的なんだろうか？」と漠然と思っていましたが、具体的な案はありませんでした。この強烈な違和感が、後に私をヘッジファンドへと駆り立てた一番大きな理由だと思います。

損をする個人投資家のパターン

　ここで、なぜ当時の野村證券がすっ天井に近いところで客に株を買わせるのかについて説明を加えます。これは私が個人投資家の方に訴えたいことでもあります。野村證券は客にわざと損をさせるためにそんなことをやっていたわけではありません。結果として、客が損をすることが多かったというだけで。

野村證券を始め、当時の証券会社は「売買手数料の極大化」の
ためにこれをやっていました。株価というのは典型的に次のよう
な動きになることが多くなります（極端な絵ですが）。

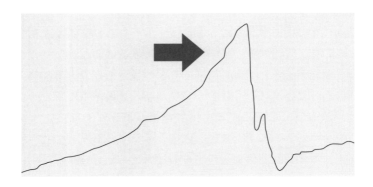

　矢印あたりで株を買うと、すでに株価は高値圏なので、ちょっ
と上がると怖くて投資家はすぐに売りたくなります。まさに時間
当たりの売買回数を増やすにはもってこいの相場局面だというこ
とです。
　矢印の局面では、買ってから「上がるか」「下がるか」を回数
だけの確率で判断すれば上がる確率のほうが圧倒的に高くなりま
す。矢印の局面での出来高は、暴落した後の出来高の10倍ぐら
いあるかもしれません。
　つまり、天井近い株を顧客に売買させるのと、暴落した株を買
わせるのでは、証券会社の売上高（手数料収入）は10倍違うの
です。でも、こういう売買を繰り返していると最後には大きな損

失をこうむる可能性も高くなります。

　証券会社による手数料稼ぎの高速回転商いの推奨は昔の話で、今ではもう行われていません。しかし、今でも株価が急騰すると出来高が大きく増えます。勢いのある株に飛びつく個人投資家がまだいっぱいいるということですね。

　当然ながら株価のピークを当てるのはとても難しく、うまく売り逃げられる投資家もいればそうでない投資家も出てきます。相場が高騰し、矢印の局面で買ってちょっと儲かって売って、その後また買ってまたちょっと儲かって売って、という「成功体験」を連続して経験すると、嬉しくて脳がマヒ状態になって抜けられず「依存症」状態になるのかもしれません。今でも株式投資で損をする典型的なパターンは矢印あたりで買う人たちだと思います。

　おそらく、この人たちは株価が上がってくると居ても立ってもいられなくなるのでしょう。でも、いったん買ってしまうと今度は怖くなってちょっとした儲けですぐに売るのです。そして、その後株価が上がってくるとまたそわそわして買いたくなります。そういう人たちなのです、損をする人というのは。

　もちろん、デイトレーダーの中には高値圏で売り買いを頻繁に繰り返して儲ける「つわもの」もいるにはいるのでしょう。でも、高値近辺ではいつ暴落するかわからないため、スクリーンに張り付いてなければなりません。矢印の局面で売り買いをする投資家はかなりの時間とエネルギーを使うことになるでしょう。逆

に、暴落した後に買ったバリュー投資家（後述）はしばらくほったらかしでポジションを寝かせとけばよいので楽です。

　昔、野村證券では「野村週報」という冊子を客と従業員に配っていました。薄っぺらな冊子ですが、私はそれを読むのを楽しみにしていました。
　その冊子には昔の相場師についての小話が載っていました。今でも覚えていますが、こんな話が載っていて面白かったですねえ。

　　　昔、北浜（大阪における兜町みたいなところ）で連戦連勝の大相場師がいた。勝ちの秘密を探ろうと、ある男がその大相場師をつけていくと毎日ある神社に行って願をかけていることを発見。その話が広まってその神社は大盛況。その大相場師は200回相場で勝負してほぼ全勝、2回しか負けなかった。しかし、その2回で破産した。

　この相場師は、いつも矢印の局面で売り買いを繰り返し、勝った回数だけは稼いでいたんでしょうねえ。でも、大暴落で逃げそこないすべてを失ったのでしょう（そうでなければショートで大損したかです。ショート、つまり空売りについては後で詳しく説明します）。
　こういう馬鹿なことをしなければ、株式投資で損をする確率は高くはありません。ちなみに、信用取引はリスクが高いですよ。つまりお金を借りて株を買うと投資資金がゼロになる確率は高ま

ります。

海外投資顧問室──北尾吉孝氏に救われる

さて、私の昔話に戻りましょうか。そもそも野村證券になぜ入社したか。それは田舎の高校から東大の理科二類に入って「自分の頭の悪さ」に気づかされたからです。

私が理科二類を目指した理由は、幼い頃からよく遊んでくれた親戚の叔父が「がん」と診断され余命宣告を受けたことが始まりです。高校生の時でしたかねえ。私は「分子生物学」を志し、「がんの研究」をしようと思いました。

でも大学に入ってしばらくすると、叔父の腫瘍は良性で誤診であったことがわかったのです。私は拍子抜けして、急に「分子生物学」への情熱は消えてしまいました（ちなみに、その叔父は今でも元気にしています）。

大学では友達ができました。とっても頭が良くてしかもいいやつで、いろんな議論に付き合ってもらいましたが、いつも私が「負けて」いました。「私の頭脳は大したことない」と親切に教えてくれた大事な友達です。

私みたいなレベルの人間が世間に出て成功するためには大きな博打を打つしかない。大企業のサラリーマンになって役員、ましてや頂点を目指すとか最初から無理だとわかっていましたし、努力の割には成功の確率が低すぎると思いました。官僚になっても下っ端でこき使われて終わりだったと思います。

そして次第に、「社会に出て出世を目指すなんて馬鹿げてい

る。お金を貯めて株で勝負して儲けるのが一番だ」と思うように
なってきました。

　それで野村證券で株の勉強をしようと思ったのです。それに、
後で理由を述べますが留学もしたくなってきたのですよ。野村に
入れば留学できる可能性が高いことがわかっていたので入社を決
めました。

　野村證券では「海外投資顧問室」という部署に配属されまし
た。同期で3人配属されましたが、私を除く2人は留学経験者で
英語もぺらぺらです。

　基本、外国人投資家が相手の仕事なので英語が下手だと仕事に
なりません。一応大学の後半は国際関係論学科だったのである程
度英語はできましたが、仕事で使えるレベルではなく私一人だけ
ひどく出来が悪かったのです。

　海外の営業マンが外国人投資家を日本に連れてきた時にはプレ
ゼンしたり通訳したりするのですが、私の英語が下手すぎて怒鳴
られてばかりでした。この部署を追い出されるのは時間の問題だ
と思っていました。

　ほどなく、上司が現在SBIホールディングスのCEOをやってお
られる北尾吉孝氏になりましたが、私みたいに使えない奴の面倒
をよく見ていただきました。

　足を引っ張ってばかりの自分をなぜ使い続けてくれたのか理由
はわかりません。外国人向けプレゼン資料を夜遅くまで作ってい
ると「これから自宅に来い。妻に料理を準備させるから。飯食っ

てからまた作業しようや」みたいなノリで。奥さんの料理はプロ並みで（失礼！　プロ以上でした）、作っていただいた中華料理がとってもおいしかったのが忘れられません。

　野村證券では海外部門の社員は出世できません。それは入社してすぐにわかりました。だから私は「いずれ外資系証券に移るしかないな」と悟っていました。私は北尾氏が野村證券を辞められてとてもよかったと思っています。野村證券は国内支店上がりの元営業マンが出世する組織です（今は必ずしもそうではないみたいですが）。海外部門出身では周りが足を引っ張ろうとするやつらばかりで出世で苦労されたと思いますし、不祥事もいっぱいあったので引責辞任のようなことになっていたかもしれません。

　SBI証券は日本の証券界に革命を起こしました。手数料の大幅な低下は日本の証券市場に劇的な質的変化をもたらしました。それは株式市場が「証券会社のもの」から「投資家のもの」になったということです。SBI証券のおかげで、もはや証券市場は「証券会社が個人投資家を搾取する場」ではなくなりました。もう個人投資家は証券会社の言いなりではありません。

　あれから40年たちましたが、私はまだ北尾氏の部下でいるような気持ちになることがあります。出来の悪かった私を我慢して使っていただいたのですから。いつかはお役に立ちたいと思いながら生きてきましたが、もうこんな年寄りになり、咽頭がんの手術で声も出ない情けない姿になりました。北尾氏は私の心の中では「永遠の上司」です。

軍曹

　その人は「軍曹」と呼ばれていました。バーレーン（中近東）支店の日本株営業部長で、猪突猛進型の典型的な野村の営業マンです。見込み客がいれば地の果てまで追いかけていくタイプでした。ロンドンに留学していたので英語も上手。本来エリート社員のはずなのに、なぜか砂漠の支店で「刀を振りかざして全員突撃！」のような日本株の営業を仕切っていたのです。まず自分が切り込むタイプの人だったので、あだ名が「大佐」とか「中佐」ではないんですよ。まさに「軍曹」って感じでした。

　私が海外投資顧問室に2年ちょっと在籍している間は、海外出張が6回ぐらいありました。同期3人のうち私が突出して英語が下手だったので米国には連れて行ってもらえず、東南アジア、中近東要員となりました。マレーシア領ボルネオ島にまで外交に行ったこともあったんですよ。「どうせ相手も英語が下手だから清原でもやれるだろう」ってことで。

　時は1982年、第二次オイルショックの頃です。サウジアラビアは超好景気に沸いていました。そこに日本株を売り込みに行こうってわけです。株式部の常務を筆頭に4人ぐらいの部隊（2人ずつの2チームに分かれます）を本社から送り込んで現地のセールスマンと合流して顧客開拓を行います。

　やり方としては、まず現地の最高級ホテルで「日本株セミナー」を開きます。日本から来たアナリストがプレゼンし、そのセミナーに来た人の名刺を頼りに後で個別に外交するわけです。

　ここで予期せざることが起きます。私は鉄鋼・非鉄担当のアナ

リストだったので「新日鉄」を推奨しようとプレゼンを用意して
いました。ところが、セミナーの前日に「軍曹」が「新日鉄は儲
からないから日立のプレゼンをしてくれ」と言うんですよ。それ
で、夜中に国際電話をかけて担当アナリストに事情を説明し、ポ
イントを聞かせてもらい何とかプレゼンの資料を作りました。

　セミナー当日、私は思いました。

「どうせ俺のプレゼンは酷いことになる。でも、この人たちに半
導体の詳しい話をしてもどうせわからない。だったら、とにかく
『日立』の名前を大声で連呼して覚えてもらおう」

　プレゼンは20分ほどでした。軍曹は寝ていました。プレゼン
が終わると、軍曹はこう言いました。

「いやあ清原君、素晴らしいプレゼンだったなあ。堂々としてい
てとてもよかった」

　あんた本当に聞いてたの？

　次の仕事はセミナーに来てくれた人へのアポ取りです。でも、
それは現地のセールスマンがやるので、私の仕事は電話帳から王
族っぽい名前を見つけて電話し（王族の典型的な名前は現地のセ
ールスに教えてもらいました）、アポを取って外交することでし
た。

　そしてある時、現地のセールスマンに「今晩、王族の夕食パー
ティーがあるので一緒に来てくれ」と言われました。「現地のセ
ールスはそこまで顧客の懐に深く入り込んでいるんだ。さすが野
村のセールスマンだわ。信頼関係をちゃんと築いている」と私は
少し感激しました。

塀に囲まれた屋敷に行くと、広間で親戚一同が集まって談笑しています。ホストが「この人たちが野村の人だ」と紹介するととんでもないことが起きました。親戚一同（といっても全員男性でした。女性のパーティーは別ですから）に囲まれ、怒鳴られ、肩をゆすられ「コノヤロー」みたいな感じに迫られたのです。なんでも野村に金を預けたら損をしたとかで。

　現地のセールスマンは慣れているようで、「あと15分我慢してください。収まりますから」と言います。「ならいいけどね」と思ってクレームを聞いていると、何やら一枚の紙を高く掲げた男がやってきました。

「これを見ろ！」と私に突き出したその紙を見ると、軍曹の書いた月次の運用報告書でした。中身はたった2行。マイナスリターンの数字と「我々は正しいので今後も同じストラテジーで行きます」というコメントが書いてあるだけです。

　私は凍り付きましたよ。こりゃあ客はキレるわ。客と立場が逆だったら「縛り付けて拷問しただろう」と。生きてこの屋敷を出られるのかなあ、と思いましたが、現地セールスの言う通り、クレームはほどなく終わって平和な夕食となりました。

　サウジの首都での新規外交は困難を極めました。町全体で土木工事をやっていて毎日のように道や建物ができていきます。だから、地図が間に合わないのです。ホテルでもらった地図はA4サイズの半分以下でとても地図と呼べるものではありません。町の真ん中に「キングファイサル大通り」という通りがあるのですが、他の道には名前はなし。役所やホテルなどの大きな建物の位

置が示されているだけです。

　だから、アポ取り以上にアポを取った後にその場所にたどり着くのが一苦労でした。ホテルでハイヤーを一日中雇うのですが、訪問先の住所はわかっていてもそれがどこにあるのかわかりません。「なになにホテルの西のほう」みたいな話なので、バングラディシュ人の運転手に「わかんなかったら道を聞けよ！」と何度も怒鳴りながら、なんとか目的地にたどり着いたという感じでした。バングラディシュ人は、バングラディシュ人にしか道を聞かないので、こっちもストレスが溜まって怒鳴り散らかしていたのです。

　ある時、アポの20分ぐらい前に目的地に着きました。クーラーのきいた車内で待っていると、ドライバーがハガキを取りだして読み始めます。バングラディシュの家族からのハガキだそうで細かい字がびっしりと書かれていました。

　外交が終わり、ハイヤーに帰って来るとドライバーはまださっきのハガキを読んでいました。私はバカにしたような態度で「お前、まだそれ読んでるの？」と言うと、彼はこう答えました。
「私は字が読めないんですよ」

　聞けば、母国に妻と子ども５人を残しての出稼ぎだそうです。字が読めないのに必死で家族からのハガキを解読しようとしていたのです。
「俺とこの人とどっちが偉い？　俺は独身で何の責任もない身だ。それなのに調子に乗りすぎてないか？　この人を怒鳴りつけるような立場かよ！」

このとき私の放った一言は、人生で最悪の一言です。私は忙しさのあまり、我を失っていました。その恥ずかしい一言を私は絶対に忘れません。

　サウジでは他にもこんなことがありましたねえ。常務とエレベーターホールで待ち合わせをしていると背の高い男が来て「お前、邪魔だからどけ！」と言われたのです。なんでも、もうすぐ王族の女性がここを通るとかで。私は「自分はこのホテルのゲストだ。今ここで待ち合わせしているところだ。お前にああだこうだ言われる筋合いはない」と言ったら首を摑まれて投げ飛ばされました。こんな経験は後にも先にも初めてでしたねえ。

　苦い思い出はほかにもあります。サウジアラビア出張は2月などの冬に行くのですが、現地はとにかく暑い。ホテルはギンギンに冷やされていて、外との気温格差が強烈。ホテルに出たり入ったりするだけで自律神経がやられて具合が悪くなります。また、中近東訪問の際には支店のあるバーレーンに最初に行くのですが、バーレーンの空港のチャイムは陰気すぎます。まずここで暗い気分になります。

「何で本題とは関係ないこんな話を書くの？」と思われるかもしれませんね。それは皆さんに「中近東は自分の金でいくところじゃない」と強く訴えたいからですよ。それは冗談として、中近東で私はこう思いました。

　バーレーン支店の「軍曹」はとても優秀な方でした。留学もされて英語も堪能。軍曹の顧客が運用で決まって損をするのは、回転売買で手数料をボッタくるからというだけでなく、「腐れ玉」

（後述）をはめ込んで本社の株式部にいいところを見せたいという理由もあったと思います。バーレーンで日本株の営業をやっていても、そのうち忘れられて出世とは縁遠くなっていきますから。

「本部に存在感を示さないと」という理由で頑張るなんてあまりにも惨めなサラリーマン生活ですよ。せっかく開拓した顧客に損をさせ、また一から顧客開拓をやり直し、そんなことを何年続けても結局本社からは評価されず、お客からの評価も悪くなって人的財産も残らないなんて悲しすぎませんか？

　軍曹はもっと若い時に野村證券を辞めるべきでした。軍曹は私より10歳ほど年上だったので、その世代ではまだ外資系への転職は当たり前ではなかったのかもしれません。この経験を経て、私の「この会社を絶対に辞める。そのために準備しなきゃ」という決意はさらに強くなりました。

　結局、海外投資顧問室では2年ちょっと働きましたが、強烈な仕事量でした。いろんな業界の通訳をやったので各業界についてものすごくたくさんの知識を得ることができました。

　その後は、スタンフォードビジネススクールに留学することになります。留学前日、徹夜で部下の書いたファナックの英語のレポートを全部書き直し、朝早くに寮に戻って荷物をまとめ、そのまま留学先のカリフォルニアのスタンフォードに向かいました。あのまま海外投資顧問室で仕事を続けていたら2年後には入院していたかもしれません。

野村證券NY支店──「腐れ玉」の行方

　1986年、スタンフォードビジネススクールを卒業した後、私は野村證券のNY支店に日本株の営業要員として配属になりました。時代は日本の株式市場がバブル入りする直前でした。野村證券の高速回転商い、相場の吊り上げもだんだんと勢いを増し、それは1990年1月のバブル崩壊まで続きました。

　少し大げさな言い方になるかもしれませんが、当時の野村證券の株式営業はこういう仕組みで成り立っていました。

　まず、「将来は役員間違いなし、ひょっとしたら社長になるかも」というA支店長が株式部とつるんで手掛ける銘柄を決めます。例えば、A支店で100円のX株を大量に仕込んで客にハメる（客に買ってもらう、客に買わせる）のですが、大量に買うので自然と株価は上がり110円まで行ったとしましょう。

　すると次は、そのA支店長の子飼いのB支店長が客に上値を買わせます。X株はA支店の客からB支店の客に移動するわけです。さらに120円まで買い上がると今度はC支店が参戦してきます。その次はD支店が130円で参戦……と順繰りに回っていくのです（ペッキングオーダーということですね）。

　最初のA支店の客はまず損をしないのでクレームは出ません。客は再び次の銘柄を買わされることになります。しかし、成績No.1の支店長から始まって成績のいい順番にX株が移っていくと、最後の支店は一番高値でX株を買うことになるので悲惨です（もちろん現実はもっと複雑ですが、ここではわざと単純化しています）。

　こういうやり方で成績の良い支店長はますます成績が良くな

り、成績の良い子分もいっぱいできて出世街道を突き進むことになります。A支店長が常務にでもなればB支店長やC支店長のような忠誠心の厚い子分も部長や役員に引き上げてもらえる確率が高くなるというわけです。

　さて、最後に行き場をなくしてE支店でしこっているX株ですが（「腐れ玉」と言います）、そのままだとE支店の営業成績が落ちるので今度は海外支店でハメようとします。海外支店が腐れ玉の最終処分場というわけです。

　でも、NYでは基本的に客は言うことを聞かないのでうまくいきません。そこで香港支店やロンドン支店に圧力がかかるのですが、現地の営業マンはかわいそうでしたねえ。

　私は入社して1ヵ月でこの会社では出世できないと確信していましたから、腐れ玉のからむ営業は適当にごまかしながらやっていました。出世にはまったく興味がなかったし、外資系証券会社に移ることだけを考えていました。

　私がNY支店に異動してしばらくし、日本株のバブルが頂点に近づくと、株価が割高になりすぎて、もう理屈で説明できる範囲を逸脱してきました。そこで、「土地の含み益」を純資産に加えてそれで時価総額を割った「Q Ratio」という指標がにわかに証券会社の応援旗の役割を果たすようになります。

　しかし、これは土地の評価額がばかばかしく過大評価されているのでまったく意味がない概念でした。「K電鉄株は、株価1000円、一株当たり利益（EPS）10円でPER100倍。でも、土地の含

み益が膨大でQ Ratioで見ると割安」なんて、米国の機関投資家には真顔で説明できませんよ。

この話を黙って聞いている米国人は、たいてい「EPSが100円」で「PERが10倍」だと勘違いしていました。しかもK電鉄の場合、土地の含み益と言っても線路が引いてある土地の話なのでまったく意味はないんですよ。電車の事業をやめるわけではありませんから。

当時は、日本全体の土地の値段が米国を上回るなんて言っていましたし、私も一応、超割高な野村推奨銘柄を客にプレゼンしていました。でも、客からはほとんど「悪魔扱い」でしたよ。帰るときは十字を切られているようなムードでした。

このようにNYでは無茶な営業はできないのに、バブルのピーク近くになると、わざわざ本社から株式部長がやってきました。無理な営業がたたって「腐れ玉だらけ」になってどうしようもなくなっていたのだと思います。

株式部長のK氏は腐れ玉の「関電工」を持ってきて、「お前らで客にハメろ」とわめいていました。
「日本の平均PERは40倍だ。でもそれは伸びる会社、左前になっていく会社のすべてを合わせた平均だからな。関電工は伸びる会社で40倍だから割安だろ？　お前らそんな簡単なこともわからんか？　これから日本は電線を地中に埋めていくから関電工は高成長企業だ」と言われてもねえ。米国人にはピンとこないよねえ。

株式部長は虚勢を張って偉そうにしていましたが、私は彼の表

情から一抹の哀れさを感じ取りました。それがバブル崩壊の予兆だったのかもしれません。

　バブルの頂点が近づくにつれ、米国の機関投資家は日本株をほぼすべて売却。もう一切興味を示さなくなりました。

転換社債・ワラント買い、株式空売りの裁定取引

　こうして、NYでの日本株営業は、バブルがはじける1989年冬のかなり前からすでに行き詰まっていました。

　この頃、私は「ヘッジファンドマネージャーが日本株をショートしている」という記事を見つけます。伝統的な機関投資家、例えば投資信託（mutual fund）や年金基金などは空売り（ショート）はしません。野村證券NYの客のリスト、あるいは見込み客のリストからは勃興するヘッジファンドがすっぽり抜け落ちていたのです。

　そのヘッジファンドを訪ねると日本株のショートはほんのわずかで「自分たちが野村の客になるほど日本株に力を入れるとは思わない」と言われました。でも、私は面白いから深掘りしてみようと思いました。

　調べてわかったのは、日本株の借株（ショート、つまり空売りのために、投資家が証券会社などから株を借りること）に膨大な需要があったことです。割高な日本株を空売りたいというニーズは実はあまり多くありませんでしたが、「転換社債・ワラント買い、株式空売り」の裁定取引のための借株需要は膨大でした。

　転換社債もワラント債も株価が上がるとそれにつれ値上がりします。でも株価が下がった時には株式ほどは大きく損を出さない

お得な商品です。

　1980年代後半の日本株のバブル時代は「転換社債・ワラント債の歴史的大量発行の時代」でもありました。事業会社のCFO（最高財務責任者）は接待漬けで証券会社の言いなりで、幹事証券会社を通じて転換社債・ワラント債を大量に発行して資金調達をし、幹事証券会社は莫大な手数料を受け取ります。

　一方の事業会社は必要以上の資金を調達しているので、今度は余った現金を日本株の運用資金として同じ証券会社に任せます（特金と呼ばれます。第6章で後述）。まさに一石二鳥で証券会社にとっては夢のような時代でした。

　バブルが崩壊して株価が暴落するまで大量発行された転換社債・ワラント債は簡単に売りさばけるよう、理論価格に対してとんでもなく割安な値付けになっていました。

　難しい話なのでこう考えてください。例えば、シャープの株価が1000円だったとします。新株を700円で発行しますが、この新株は5年後にしか売れません。当然、ヘッジファンド（裁定業者）はその割安な新株を買って、同じ株数の株券を借りてきて1000円で空売ります。5年後に新株を借株の返済に充てれば300円の儲けになります。最初に買った新株を基準に考えればレバレッジ1倍で300／700＝43％の儲けになります。年率で7.4の儲けです（借株コストが年率1％なら6.4％の儲けとなります）。

　これはほぼ確実に儲かるトレードなので、通常、裁定業者は借金をして大きいポジションを取ってリターンを上げます。自己資金100に対して借り入れ400で、500のポジションを取ればレバレッジ5倍です。金利を4％と置いても7.4％×5－4％×4＝21.0

％の年率リターンになります（借株コストが年率１％なら16.0％の年率リターンです）。

　米国では、この転換社債と普通株式の裁定取引は以前より行われていました。しかし、あまりにも簡単な裁定取引のため儲けのチャンスがなくなっていました。そこに超割安な日本の転換社債・ワラント債という巨大な市場が忽然と姿を現したのです。裁定取引を得意とする米国のヘッジファンドはこのチャンスに飛びつきました。

　ここで問題になるのが「借株」です。先ほどの例では、シャープの借株が適正な借株料金で５年間維持できなければ成功しません。そこで米国のヘッジファンドは、血眼で日本株の借株のソース探しを始めました。

　しかし、海外での日本株の借株は困難を極めます。日本株がバブルになっていたおかげで外国人投資家の日本株保有比率が低下していたことも海外市場における借株を難しくしていました。

　これさえ何とかすれば大きな商売につながるとわかった私は、本社の金融法人部と話を付け、生保の持っている株の一部を米国のヘッジファンドに貸し出すビジネスを始めました。裁定取引をやっているヘッジファンドを訪問すると当然のことながら大歓迎され、すぐに客になってくれます。

　こうして数社のヘッジファンドと付き合い始めましたが、その中で忘れられない出来事があります。日本の転換社債・ワラント債の裁定取引が本業になっていたヘッジファンド「プリンスト

ン・ニューポート・パートナーズ（以下PNP)」との出来事です。PNPは貸株を通じて野村NYの上顧客の一つとなっていました。

　ところが、ある日FBIに踏み込まれ、幹部全員が逮捕されます。罪状は実質「引け値操作」でしたが、当時できたばかりの「RICO（犯罪組織のフロント企業の摘発のための法律）」が適用されました。

　野村NYは貸している株の一括返済を問答無用で求めました。しかし、そんなことをすればPNPはロングの転換社債・ワラント債を投げ売って、普通株を買い戻さないといけなくなります。PNPのレバレッジは４倍であり、もし野村NY以外の株の貸手も手を引いたらPNPは破綻してしまうでしょう。私は野村NYの行為がどれだけ彼らにダメージをもたらすのかを心配していました。

　ところが、彼らは野村NYの株券の返還要請にすんなり応じます。ゴールドマン・サックス証券（以下GS）が全部肩代わりしたのです。GSがどういう経緯でそのような判断をしたかはわかりません。でも、これが私とGSとの最初のかかわりになりました。

　裁判は長引きましたが、結局全員ほぼ無罪（引け値操作の微罪では有罪とはなりましたが）。有罪になったわけでもないのに逮捕されたというだけで村八分扱いしてしまう日本の金融界の文化と歴史あるウォールストリートの文化はずいぶん深みが違うなあ、と感じました。

Tiger Managementとの出会い

　日本の転換社債・ワラントの過剰発行のために、海外での日本株の借株市場は急速に整備されていきました。同時にヘッジファンドの資産を丸ごと全部預かって貸株や貸金を行うGSのような「プライムブローカー」も育ってきました。

　しかし、ここで大きな問題に直面します。転換社債・ワラント債が割安な銘柄の株券だけが需要超過になるのです。例えば、シャープが転換社債をいっぱい出しているとシャープの株券は誰でも借りたい大人気の銘柄となります。でも、日立が転換社債を発行してなければ日立株の借株需要はゼロです。インデックスファンドのような株の貸し手はいろいろな株を貸したいわけですが、寿司屋でいえばどの客も「大トロ」しか食べないのであっという間に大トロだけ売り切れってことですよ。他のネタは全部余っているのに食べてくれる客はゼロ。客が店に入ってきて「大トロある？」「いや売り切れ」と言うとそのまま出て行ってしまうのでは困りますよねえ。

　バブルのピークでは、裁定取引ではなく、ただ単に割高な日本株を空売ろうというヘッジファンドも現れていました。でも、当時それは少数派で、イメージで言うと日本株の借株需要としては裁定取引の需要20に対し、割高株ショートの需要は１程度だったと思います。

　そのため、プライムブローカーにとって後者の割高株をショートするヘッジファンドはとても貴重でした。というのも、どの株が割高だと判断するかはヘッジファンドによって違うので借株銘柄のニーズが分散するわけです。私も裁定業者だけを相手にして

いたのでは貸株のビジネスが広がらないので「割高な日本株のショートに興味があるヘッジファンド」を見つけて客にしようと努力します。

　そしてある時、「Tiger Management」というヘッジファンドの社長ジュリアン・ロバートソン氏が、バロン紙で「日本株は割高だ」とコメントしているのを見つけました。早速訪問してみると、かなりの量の日本株のロング・ショート運用（株の買いと空売りを組み合わせて行う運用）を行っていました。例えば、パナソニック買い・東急空売りみたいに。

　彼らは個別銘柄のファンダメンタル（業績予想とか）を分析して投資アイデアを探します。私はすぐにこの会社に入りびたり状態になりました。彼らと投資の議論するのは楽しかったですねえ。

　彼らは決して自分たちのポジションを明らかにしませんが、ある時、株価300円の「川崎製鉄」をショートしていることに気が付きます。しかし当時、野村證券が流動性の高い鉄鋼株に狙いをつけ大相場を演出しようとしていることが私には何となくわかっていました。

　そこで彼らに言ったのです。「すぐに買い戻したほうがいい」。彼らは業績がどうのこうのと言って買い戻しを渋っていましたが「そういう話じゃない。野村が暴力的に株価をブチ上げるって話だ」と言いました。

　ほとんど喧嘩腰の激しい議論になりましたが、私があまりに強く言うものだから彼らはあきらめて買い戻しました。その後、株

価は1000円を超え、彼らには感謝されました。

　こういうこともありました。ある時、場中にクイックの端末を見ていたら「キルビー特許の裁判でTI（Texas Instruments）が勝った」（正確な話は覚えていませんが）というニュースが流れました。でもTIの株価は動いていなかったので「あれっ？　このニュースはアメリカでは流れていないんだ」と思い、Tiger Managementのトレーダーに電話したのです。「これ、かなり大事なDRAMの特許だよ。TIの株買ったら？」と。ヘッジファンドのトレーダーは、ある程度自分の裁量で売り買いできるので、おそらく少し買って儲かったのだと思います。後で喜んでいましたから。

　そして後日、私はTiger Managementが顧客を集めて開く年一回のパーティーに招待されました。でも、ドレスコードのタキシードは持っていないし、もともとパーティーは大嫌いなので断りました。すると、野村NYの社長（米国人）に呼び出され、こう言われました。「お前がパーティーに出ないわけにはいかないみたいだぜ。Tigerが客の前でお前を表彰するってよ」。

　仕方ないから行くと「The best salesman of the year」ということで表彰され、賞金5万ドルをもらいました（ただ、それはどこかに寄付しなければいけないんですけどね）。川崎製鉄とキルビー特許の件だなと思いました。

　たしか、パーティー会場はニューヨーク公共図書館の地下の大広間で、客が100人以上来ていました。彼らは顧客との関係がとても良好で、全国に散らばっているお客さんが有益な情報を持っ

てくることもあるそうです。この時です。自分も将来チャンスを摑んでヘッジファンドをやりたいと思ったのは。

　私が野村NYを去ってからTiger Managementの運用資産（AUM）は急拡大しました。私がNYにいた頃は３億ドルほどだったのですが、パフォーマンスが良かったので瞬く間に10倍の30億ドルとかになりました。

　しかし、急に運用資産が膨張すると慣れない戦略に手を出すことになります。ジュリアン・ロバートソン氏は個別株のロング・ショートが得意だったはずなのに、ついにロシアの国債を大量に買いました。結果はデフォルト。なんでも英国のサッチャー元首相から「ロシアはデフォルトしない」と直接聞いたから買ったそうなのですが。

　これも大事な教訓です。権威のあるすごい人から聞いた話はかえって危ない。ありがたがって信じ込みやすくなりますから。それと大事なのは情報源の継続性です。変化がないかいつでも確認が取れる情報源でないと。サッチャー元首相が情報源では、しょせん無理筋の投資アイデアだったのではないでしょうか。

GS東京支店入社──「ロング・ショート運用」の夜明け

　GSはすべてが違いました。これが同じ金融機関か！　まるで別の惑星に来たみたいだ！　というのが最初の感想です。戦略、仕事の仕方、人事評価、すべてにおいて野村證券とは真逆でした。

　私は野村證券のNY支店で転換社債・ワラントの裁定取引に詳

しくなったこともあり、ヘッドハンターから声がかかって1991年にGSの日本支店に転換社債担当として採用されました。

　この頃になると、転換社債・ワラントの裁定取引はGSやソロモンブラザーズのような投資銀行が自己勘定で行うようになっていました。GSがPNPを救ったのはもはや昔話で、裁定取引を行うヘッジファンドとGSは希少な株券を取り合う敵同士になったのです。

　ただし、GSは顧客の利益を最大限守る会社です。だから、お客のヘッジファンドから株券を乱暴に取り上げて彼らを廃業に追い込むようなことは絶対にしません。リーマンショックの時には、我々もGSに救われました。

　でも、裁定取引がヘッジファンドから投資銀行の自己勘定へと移っていくという時代の大きな流れには逆らえませんでした。GSは自己勘定で借株すれば裁定業者に対して乗せているスプレッドがいらなくなります。しかも株式の売買手数料もタダ、資金の借り入れコストもヘッジファンドよりだいぶ低いでしょう。だから、GSのような投資銀行は、裁定取引のヘッジファンドと比較してコスト面で圧倒的な優位に立てます。

　1990年代に入るとGSなどの投資銀行によって1980年代に活躍した裁定取引のヘッジファンドはほぼ一掃されました。典型的なフォワードインテグレーションです（サプライヤーが客のビジネスを侵食する）。もし私がそういったヘッジファンドに転職していたら、あっという間に職を失っていたでしょう。先ほど転職の話を書きましたが、まさに「時代の流れを読まないといけない」

ってことですね。

　バブルが崩壊すると転換社債・ワラント債の過剰発行は終わり、新規発行は極端に減少しました。ワラント債は4年、転換社債は長くて12年で償還なので、転換社債・ワラント債市場があと数年でほぼ消えてなくなることは明白でした。だから、私もGSでこの仕事を長くやれるとは思っていませんでした。

　先ほども言いましたが、借株の分散化を図るうえで「割高な日本株」を空売ってくれるヘッジファンドは、プライムブローカーであるGSにとってはとても貴重です。だから、彼らは新しいヘッジファンド（日本株のロング・ショート運用のファンド）の立ち上げの手助けを積極的にやっていました。

　ヘッジファンドはスタート時にはサイズが小さく、GSのような大手の投資銀行には間尺に合いませんが、成功するとすぐに運用資産が大きくなります。だから、GSはプライムブローカーの手数料を安く設定し、新興のヘッジファンドが運用しやすい環境を整えていました。さらに投資する顧客をヘッジファンドに紹介するなど、その育成にもとても熱心でした。

　1990年代後半、転換社債・ワラント市場が萎んでいって裁定取引での借株需要が減少していく中でも、それまでに作り上げた日本株のプライムブローカーのインフラはしっかりと残りました。この頃にはGSなどが熱心に育て上げた日本株のロング・ショート運用が開花します。そして、縮小する裁定取引の借株需要を補いました。バブル時代の転換社債・ワラント債の過剰発行が海外市場での日本株の借株市場の発展をもたらし、そのインフラ

の上に今度は日本株のロング・ショート運用という新たな産業が勃興してきたわけです。

　日本株に限らずGSはプライムブローカー業務で高いマーケットシェアを確立していましたから、ヘッジファンドの動向がリアルタイムで手に取るようにわかります。どの程度の情報を共有できるのかはわかりませんが、自己勘定のトレーディングには相当役立ったでしょう。

ヘッジファンドをスタート

　日本株を手掛ける新しいヘッジファンドは日に日に増えていきましたが、日本人が運用するファンドはまだありませんでした。それを見た私は「ひょっとしたら私にもヘッジファンドを運用するチャンスがあるかもしれない。日本株なのだから運用者が日本人であってもいいじゃないか」という気になってきました。

　ではどんなヘッジファンドを目指したらいいのか？　それが問題です。

　裁定取引のヘッジファンドがGSなどの投資銀行に一掃されてしまったのを目の当たりにした私は、GSを敵に回すようなヘッジファンドはありえないと思いました。

　私はGSの日本株アナリストの話を毎朝聞いていましたが皆さんとても優秀です。私がソニーや日立のような大型株に投資して彼らに勝てるのでしょうか？　アナリストは敵ではありませんが、彼らを出し抜くぐらいの実力がないと相場には勝てないでしょう。

　大型株で私が勝てないのなら小型株はどうか、と考え始めまし

た。私は転換社債の担当でしたが、転換社債を発行している会社には中小型株もたくさんありました。それらは時価総額の小さい会社でGSのリサーチ対象から外れていました。

　そこで私は、勝手に会社訪問をしてリサーチを始めます。GSでは、許可さえもらえば個人のアカウントで株を買うことができます。私は自分で小型株を少しずつ買い始めました。銘柄を発掘するのは楽しく、自分に合った仕事だと実感できました。

　ヘッジファンドは私の夢でしたが、もしチャンスがなければ「プランB」として外資系金融機関でできるだけ粘って長く働き（できれば定年まで）、個人で小型株投資を楽しむことになっていたと思います。実はこの時に投資した複数の小型株は約30年持ち続け、数億円単位の儲けになりました。

　その後GSを退社した後、何回か転職し、私がヘッジファンドを立ち上げたのは1998年のことです。GSに転職してから7年が経っていました。

　何でもっと早くヘッジファンドを始めなかったのか？　それは縁がなかったからです。また、ヘッジファンドを始める際には自己資金も入れないといけません。それが500万円では客に馬鹿にされて終わりです。私は5000万円ぐらいは自分のファンドにつぎ込まないといけない、と思っていました。

　それにヘッジファンドというのはキャリア的にはかなりリスクの高い職業です。だから、万が一のための金銭的余裕がどうしても欲しく、数年は外資系で働いで預金を貯めようと思っていました。そして縁があって1998年、タワー投資顧問でヘッジファン

ドを始めたのです。

ヘッジファンドって何?

　ここで、「そもそもヘッジファンドって何なの?」という当然の疑問に答えておきましょう。これは私の定義です。

1. ロングだけでなくショートもできる(単に株を買って保有するだけでなく、空売りもできる)。
2. 成功報酬が大きい。典型的には1・20ストラクチャー(ワン・トウェンティーストラクチャー)と呼ばれ、運用フィーが運用資産(AUM)の1%、成功報酬が儲かった分の20%。本書の冒頭で説明した通り、普通はハードルレートとハイウォーターマークがある。
3. 運用責任者(CIO)の金融資産の相当部分がファンドにつぎ込まれている。

　この要件の中で一番大事なのが3.でしょうねえ。私は自分の金融資産の約7割を自分の運用するファンドにつぎ込んできました(リーマンショック時は100%近くになりましたが)。

　ヘッジファンドというのは、儲かった時に顧客から成功報酬をもらい、顧客が損をしたときには運用責任者は何の保償もしません。顧客が損をしているわけだから運用責任者にもそれなりの金銭的な痛みがないとアンフェアです。

　運用責任者が自分の金融資産の1割しか自身のファンドに投資していないなら、それは「偽物のヘッジファンド」です。投資家

はそのようなファンドには絶対投資しないことですね。「運用責任者の金融資産の相当部分がファンドに投資されている」ことで彼らの儲けに対する「本気度」がわかりますし、逆に無謀なSpeculation（投機）を行うインセンティブが抑止される可能性もあります。

　ヘッジファンドに投資を考えておられる方はリスクについても心配でしょう。日本株のロング・ショート運用に関しては、「相場の上昇時だけではなく、下落時も儲けます。相場が上がっても下がっても安定的なリターンを稼ぎます」というピッチで投資家にアピールします。我々もそうでした。

　しかし、我々の経験だとヘッジファンドの運用にはリスクが伴い、パフォーマンスは安定しません。ヘッジファンドはリスクの高い投資だと投資家も運用者も認識すべきでしょう。

　一方で、昨今のヘッジファンド（というかヘッジファンドに投資している機関投資家）は月次のリターンのブレを気にしすぎる傾向があると思います。2ヵ月連続でマイナスのリターンだと「イエローカード」だとか。最近、何人かの日本人のロング・ショートマネージャーに会いましたが、顧客である機関投資家の「安定的に儲ける」という無茶な要求のためにリスク管理にエネルギーを取られ過ぎてしまっていて、その豊かな才能が無駄になっていると思いました。

　ヘッジファンドがリスクを減らすために一番いい方法は大儲けすることです。ヘッジファンドの運用とはリスクを取る仕事です。リスクを減らす仕事ではありません。リスクをヘッジしてい

たら、しまいには円ベースではリターンはゼロ近くになります。ある月に20％儲ければ、次の2ヵ月間がマイナス1％ずつでも問題ないのです。ある年にパフォーマンスがプラス100％なら次の年はマイナス10％でもいいのです。

　断っておきますが、過去のリターンが安定していたからといってそのヘッジファンドがリスクの少ない運用をしているとは限りません。ボラティリティー（過去の基準価格の変動）をリスクと勘違いしている金融関係者が多すぎます。そもそも毎月のリターンを安定させるにはdeep out of the moneyのオプション（ストライクプライスが今の株価を大きく上回るコールオプション、もしくは大きく下回る場合のプットオプション）を売るのが一番楽です。リーマンショックみたいなことが起きれば破綻しますが、平時では毎月安定した綺麗なリターンとなります。

　リスクのないヘッジファンドなど存在しません。投資家の方は、一つのヘッジファンドだけに大金をつぎ込まないほうがいいと思います。投資金額を小さくしてリスクのことを考えないようにするのが得策です（でも詐欺には注意してくださいね）。また、ヘッジファンドの運用責任者も無理にリスクを減らそうとして無駄なエネルギーとコストをかけないようにすべきだと思います。

　たとえ話で説明してみましょう。ある街に橋が架かっていて、ある男が一方で仕入れた商品を橋を渡って川の向こう側に持って行って売ります。毎日同じだけの金額を儲けているとします。リターンは毎日同じです（つまりボラティリティーはゼロです）。

安定した商売なので、投資家が自己資本半分、銀行借り入れ半分でこのビジネスに投資をしたとしましょう。5年間は順調だったけど、ある時豪雨で橋が流されたらどうでしょう。この投資家は破産するかもしれません。

　そもそも将来のリスクなんて正しく予見できないというのが私の意見です。コロナのパンデミックも予見できませんでしたし。原発が水素爆発を起こすなんて誰が予想できたでしょうか。以下、予見できないリスクのたとえ話として紹介します。

　　昔、悪霊に取りつかれた家がございました。その悪霊を何とか取り払ってほしい、と若いお坊さんが相談を受けましたがどうすればいいのかわかりません。そこで物知りの和尚さんに相談したところ、こう言われました。
　「このお経をその家の部屋で一晩中唱えなさい。ただし、悪霊がいろんな悪さをしますよ。姿を変えて驚かせたり、幻惑したりして部屋から追い出そうとします。それでも一晩中、絶対に障子を開けて外に出てはいけません。もし障子を開けて外に出ようとすれば悪霊に殺されてしまいます。どんな恐ろしいものを見ようが聞こうが、それは悪霊の幻に過ぎませんから、ただ一晩中お経を唱えていればいいのです。朝になれば悪霊は去っていきます」
　　そして、その若いお坊さんは覚悟を決めて部屋でお経を唱えました。すると、恐ろしげな物音とともに怪物が現れます。怖かったのですが、彼は必死でお経を唱え続けました。

その後、亡くなったはずの母親の声が障子の外から聞こえてきます。「お前の姿が一目見たい。こっちに来ておくれ」と。しかし、和尚さんの言葉を思い出し、これも悪霊の仕業に違いないと誘惑を振り切りました。

　すると今度は「私はお兄さんと幼い時に離れ離れになった妹でございます」という声が聞こえてきました。そういえば自分には妹がいると聞かされたことがある。それでも彼は、会いたいという気持ちと涙を押し殺してお経を唱え続けました。

　そうこうしているうちに空が白み、悪霊の声は聞こえなくなりました。ようやく夜が明け、小鳥の鳴き声も聞こえてきました。「自分は悪霊の誘惑に打ち勝ったんだ」。そう思い、彼は障子を開けました。しかし、外はまだ真っ暗。そのお坊さんは悪霊に殺されてしまいました。

　私はリスクのない世界は「死んだ世界」だと思っています。人間は生きている限りリスクから逃れられません。リスクを完全になくそうと思うなら死ぬしかありません。リスクのないヘッジファンドなど存在しないし、リスクが小さいことを売り物にしているファンドがあったならかえって怪しいと思ったほうがいいでしょう（後ほどAIJ投資顧問詐欺事件のところでも言及します）。

ジョージ・ソロス
　ファンドの運用が始まってから数年後、ジョージ・ソロス氏（ヘッジファンドの草分け的な大御所）と日本で会う機会があり

ました。当時、当社が提携していた米国の投資顧問会社の紹介です。彼は私にいくつかのことを話してくれました。

　まず、彼はこう言いました。

「今のヘッジファンドはInstitutionalizeされすぎている（機関投資家化しすぎている、サラリーマン化しすぎている）。ポートフォリオマネージャーがちょっとリスクを取るとリスクマネージャーがすっ飛んでくる。リスク管理、リスク管理ってうるさすぎるし、やりすぎだ。いいか清原。ヘッジファンドってのは自分のアイデアに自信あるときは力いっぱい勝負しなけりゃいかん。お前はそれをわかっているのか？」

　私は、「もちろん」と答えました。

　次に彼は「お前は金儲けがしたいのか？　それともパフォーマンスの記録を打ち立てたいのか？　どっちだ？　この2つは違うぞ。どっちかに決めろ」と言いました。

　当時、私にはこの言葉の意味がよくわかりませんでした。パフォーマンスがよければ金持ちになれると単純に考えていたからです（私がこの違いを自分なりに理解できるようになったのはそれから数年後のリーマンショックの時でした）。

　その後は日本の不動産市場、REITなどの話をしました。後で、彼の部下から電話があって「ファンドに投資したい」と言われましたが、彼らの最低投資金額は5000万ドルだったので断りました。我々は小型株に集中投資します。大きい解約が出ると買っている途中の株の買いをストップするどころか今度は売らなくちゃいけなくなります。そうなるとまともな運用ができなくなるので投資家一件当たりの上限を大体20億円ぐらいと決めていたので

す。当時の運用資産（AUM）が300億円ぐらいでしたかねえ。投
資家一件当たりの投資額を 7 ％ほどに制限していたのです。

　でも、それで終わらないのがユダヤ人です。「わかった。それ
なら今は2000万ドルでもいいけど、将来ファンドのサイズが一
定の金額を超えたら追加で3000万ドル投資できるオプションが
欲しい」と。

　面倒なので断りましたが、その時思いました。ユダヤ人という
のは「オプション」が大好きなのですね。何千年の歴史の中で
「よからぬことが起きた時のために別のオプションを用意してお
く」のが生活習慣になったのでしょうねえ。この点では日本人は
真逆です。日本人ならこんなこと言って粘らないでしょう。

この章の最後に──新しい野村證券について

　本章では、昔の野村證券の話をたくさん書きましたが、読者の
方が誤解されるといけないので、現在の野村證券の話も最後に書
いておきます。野村證券はいくつかの不祥事を乗り越え、40年
前の「準詐欺組織」から「コンプライアンス重視の世界を代表す
る超優良企業」へと見事に変身しました。

　数年前、野村證券の株価があまりにも低迷していたため、私は
IR（投資家に対応する部署）に面談を求めました。でも、話がと
ても形式的で今の野村證券がどういう姿になっているのか実感が
わきません。

　そこでIRにお願いして支店の営業マンに会わせてもらいまし
た。若くて優秀そうな営業マンと話しましたが、おそらく支店の
トップセールスマンだったのでしょう。

いろいろ話した後、彼はこう言いました。

「清原さん。営業の本質は『人間力』ですよ」

　そう言われてもよくわからないので、その「人間力」について根掘り葉掘り聞いたのですよ。結局、完全には理解できなかったのですが、どうもこういうことらしいのです。

「客が大損しても訴えられないしクレームにもならない。むしろ『お前と付き合えてよかった』と言ってもらえる。これが人間力だ」

　私はとても感動しました。「素晴らしい。野村證券は人材の宝庫なのかもしれない」と思いましたねえ。

　支店長が大損している顧客を見つけて担当セールスを呼びつけ、

「お前の客これだけ損してクレームにならないか?」

「大丈夫ですよ。このババア完全にボケてますから。ほら、私このババアのハンコ持ってるんですよ。手数料足らない時は私に声かけてください。いつでもペロ切りますから(売買手数料稼ぎますから)」

「頼もしいなあ。よくぞ言ってくれた!　期待してるぞ!」

　なんていう会話は40年も前の話です。今の野村證券なら万が一大損しても「人間力」のある立派な営業マンに出会えれば安らかな余生を過ごせるかもしれません。

　当時の野村證券株はPBR1倍を大きく下回っていましたので買うべきだったと思うのですが、結局買いませんでした。

　話はそれますが、私はGSに在籍中などに、何度も野村證券の営業マンと採用面接をしました。でも、なぜか面接に来る営業マ

ンは全員自称「トップセールス」なんですよ。一体何人トップセールスがいるんだろうと面接に来た「トップセールスマン」に詳しく聞いてみました。

どうやらこういうことのようです。例えば199X年X月に近畿地区で投資信託を大口でハメて、その月だけ近畿地区で手数料トップに輝いた。そういう営業マンが全員「トップセールスマン」なのです。だからトップセールス（だった人）は何百人といるわけですねえ。面白いなあと思いました。

1990年代に起きたヤクザ事件、総会屋事件で旧経営陣が一掃され、野村證券はコンプライアンス重視の超優良企業になりました。しかし、最近でも多少の不祥事は起こしています。まあ取るに足りない些細な不祥事ですが。

それに文句を言いたいわけではありませんが、ちょっとだけ引っかかっているのです。2012年の増資インサイダー事件（公募増資の情報を事前に顧客に知らせる）と2019年の上場基準情報の漏洩事件についてです。

私のところには野村證券からそういうインサイダー情報は一切来ませんでした。結果的には巻き込まれずに済んだのでよかったのですが、「我々は野村證券にとってはゴミみたいな存在なのか」と思いましたねえ。大手の客とは扱いがまったく違うんだと。

我々は運用資産額ではまあまあのヘッジファンドでも、ポジションの平均保有期間がヘッジファンドにしては長く（ロングで平均5年、ショートで2年）、売買手数料が証券会社にとっては少

なかったのでしょう。それはよくわかっていたので「今日買って明日売る」みたいな意味のないトレードもチャンスを見つけては頑張ってやっていたんですけど。

　当時、私は生まれ故郷の島根県松江に帰省しました。すると自動販売機で「仮面サイダー」という飲料が大流行していました。それで東京に帰ってきて野村證券の営業マンに電話でその話をしました。

「じゃあ野村證券にある自販機で今一番売れているのは何か知ってる？」

「何ですか？」

「イン・サイダー」

　そう言ったら「全然面白くないわ！」と言われて電話をガチャンと切られてしまいました。まだ社内が増資インサイダー事件でピリピリしていた時でしたからね。

第3章

「割安小型成長株」の
破壊力

「割安」ってどういう意味?

1998年、K1ファンドの運用が始まって以来、我々は小型株をロングポジションの中心に据えてきました。2003年にはREIT（不動産投資信託）がロングポジションの7割程度だったり、2020年からはメガバンク株がロングポジションの半分以上だったりしたこともありますが、基本的にはいつでも小型株のポートフォリオがファンドのロングポジションの大きな部分を占めていました。

理由は、**小型株の多くは基本割安に放置されていて、その中で成長株を見つけて投資できれば爆発的な破壊力になる**からです。我々のファンドのパフォーマンスはこの爆発的破壊力によってもたらされました。

本章では、その「割安小型株」への投資判断と手法について解説していきます。ただし、その前にどうしても**「会社の価値」はどう決めるのか、あるいはどう計算するのか**をはっきりさせる必要があります。そうでないと「割安」という言葉を訳もわからずに使っていることになります。

株式市場の誤謬のかなり多くの部分は、この「割安」という言葉を定義なしでいい加減に使っていることによる誤解や矛盾に由来します。

「日本株は米国株より割安だ」と言う人がいるとしましょう。この人は何が言いたいのでしょうか。「日本株のPERは米国株よりも低い」と言っているのでしょうか？　あるいは「PBRで見て日本のほうが低い」と言いたいのでしょうか？　あるいは「米国株

は大きく上昇してきたのに日本株は出遅れているから割安」または「GDPと株式市場の時価総額を比べて日本株が割安」と言っているのでしょうか？

「適正PER」とは

　会社の価値を評価する基準をvaluationと言います。valuation（評価基準）にはいくつかの方法があって**PER（株価収益率）**はその代表格です。PERは、株価を「一株当たり当期利益（当期利益を発行済み株数で割った数字。EPSとも呼ばれる）」で割った倍率です。時価総額を当期利益で割った倍率と言い換えても同じです。たとえば、一株当たりの利益が100円の時に株価が1000円なら、今その株はPER10倍で評価されていると言います。その株の発行済み株数が100株だとすれば、時価総額は10万円で当期利益は1万円です。

> **PER ＝ 株価 ／ 一株当たり当期利益 ＝ 時価総額 ／ 当期利益**

　PERが低いほど、株は「割安」になります。しかし、PERが低くても将来が真っ暗な会社は割安ではないかもしれませんし、逆にPERが高くても成長性が高ければ割安なのかもしれません。でも、私もそうですが、世の中では低PER株を「割安株」と安易に呼ぶことが多いと思います。

　ある会社があって、今後5年間、毎年100円儲ける会社があったとしましょう。その会社はその後解散します。解散にかかるコストはゼロで、資産は5年間に貯めた500円だけが残るとします。

この会社の価値は500円なのでしょうか？　金利がゼロならそうです。しかし、この500円を投資家が配当でもらうときに20％税金を取られるかもしれません。すると、この会社の価値はその人にとっては400円になります。

　ただし、企業年金の運用には税金はかかりませんし、新NISAでも税金はゼロです。新NISAの枠は大きく、ほとんどの個人投資家の方は日本株投資をこの枠内で行うでしょう。だから、税金はゼロの前提で話を進めます。

　さて、5年間100円ずつ儲ける会社の発行済み株数が1株なら株価は500円が適正です。株価が400円なら割安、この株を買うと5年後に100円儲かります。逆に600円で買うと100円損するので600円は割高です。つまり、この会社の適正なPERは5倍です。

　では、今後10年間、毎年100円ずつ儲ける会社があったとしたらどうでしょうか。適正株価は1000円で適正PERは10倍となります。このケースでは株価600円でも割安です。要するに、将来が明るい会社の適正PERは高く、将来が暗い会社の適正PERは低いということです。

　ちょっと待ってください。本当にこの議論でよいのでしょうか？　双方のケースでは、共に会社はスタート時に何も財産を持っていなかったと仮定しています。もし5年間100円ずつ儲ける会社があって、一方はスタート時に財産なし、もう一方は100円持っていたとしましょう。すると、前者の適正株価は500円、適正PERは5倍、後者の適正株価は600円、適正PERは6倍になります。

　では、前者はPERが低いので後者より割安なのでしょうか？

もちろんNoです（両方とも適正なのですから割安でも割高でもありません）。

　数あるvaluationの方法の中で私が一番重視するのがこのPERですが、このように**「将来の利益から割り出した適正なPER」だけで株式の価値を計測することはできません**。会社のバランスシート上の資産や借金を含めて計算しないといけないのです。

　今、日本は極端な低金利です。企業は借金を増やして自己資本を少なくすることで一株当たり利益を押し上げることができます。だから、PERを使って企業価値を査定する際には財務構造をそろえないといけません。以下、架空の会社のPERを法人税率30％として計算してみます。

図表2

	ケース1	ケース2
固定資産	200億円	200億円
借入金	100億円	0円
純資産	100億円	200億円
営業利益	10億円	10億円
支払金利	2億円	0円
経常利益	8億円	10億円
当期利益	5.6億円	7億円
発行済み株数	1億株	2億株
株価	100円	100円
PER	18倍	29倍

確かにPERだけで見るとケース１のほうがケース２より割安に見えます。でも、実はこの２つのケースは同じ会社で財務構造が違うだけだったとしましょう。財務構造は自由に変えられますからケース２がケース１より割高なはずはないですよねえ。ケース２の場合、100億円のお金を借りてきて１億株、100円で自社株買いをすればケース１と同じになるわけですから。

　このように今の日本のように極端に金利が低い状況下では、財務構造を考慮しないでPERだけで「割安さ」を語ることはできません。

実は役に立たない「PBR」

　私はPERの問題点を補う指標として**ネットキャッシュ比率**を使っています。その説明の前に、valuationのなかでPERの次に皆さんがよく使う**PBR（株価／一株当たり純資産）**について説明させてください。一株当たり純資産が100円で株価が200円ならPBRが２倍で評価されている、と言います。

> **PBR ＝ 株価 ／ 一株当たり純資産 ＝ 時価総額 ／ 純資産**

　2023年には東証がブチ切れて「PBRが１倍を割れている会社の数が多すぎる！　この不甲斐なさはなんだ！　しゃんとせんか！」と檄を飛ばして、ちょっとしたPBR相場になりましたねえ。

　純資産は自己資本、株主資本とも呼ばれます。基本的に、それ自体で定義されることはなく「資産－負債」で定義されます。

　純資産は解散価値とも言われ、「会社をたたむとこれだけのお

金が残る」という印象を与えます。しかし、これは大きな間違いです。はっきり申し上げますが、純資産は解散価値ではありません。

そもそも上場会社で解散する会社などほとんどありません。また、現実的に解散しようと思うとそれに伴い膨大な費用もかかるでしょう。だから「会社を解散したら」という仮定をおいて議論するのは意味がないのです。

純資産を「解散価値」だと思っていると以下のような間違った結論を導いてしまうかもしれません。

> これまで利益が出ていて PER 10倍で株価が評価されていた。しかし、赤字になって PER で評価できなくなった。そこで PBR を見ると0.5倍だった。解散価値よりずーーっと安い。株価は倍になる可能性がある。

この議論の最大の問題は、この会社が持っている固定資産、例えば工場や機械設備を簿価で買ってくれる会社なり人がいると仮定しているところです。果たして、赤字を垂れ流す工場や機械設備が簿価で売れるのでしょうか?

また、利益が出ていて配当を払っている場合は、株式はPERや配当利回りで評価されPBRはあまり意味を持ちません。つまり、会社が赤字になるとPBRのほうを見だすのです。しかし、赤字になると普通は会社の持っている固定資産の価値も下がり、減損すればPBRの値も上がってしまいます。資産100億円の80%が固定資産だと、50%減損すると40億円の特別損失が出ます。もし借

入50億円、純資産50億円だったとすると40億円の減損によって純資産は10億円に減少してしまいます。時価総額が25億円だったとするとPBRが0.5倍で「割安だ」と思っていた株が、減損したとたんにPBR2.5倍になって全然割安じゃなかった、ということになるわけです。つまり、**会社が黒字でも赤字でもPBRは評価基準としてあまり役に立たない**ことになります。

ネットキャッシュ比率

　従って、見るべきは**会社が赤字になろうがなるまいが同じ値段で売れる資産がどれほどあるか**ということです。それに会社が持っている現金を足して全負債を差っ引いた数字がキーなのです。それが**ネットキャッシュ**です。私はネットキャッシュとネットキャッシュ比率をこう定義しています。

> ネットキャッシュ＝流動資産＋投資有価証券×70％－負債
> ネットキャッシュ比率＝ネットキャッシュ／時価総額
> ＝（流動資産＋投資有価証券×70％－負債）／時価総額

　ここではネットキャッシュの定義として流動資産の価値を100％とカウントし、固定資産の価値を投資有価証券以外はゼロと置いています。もちろん、流動資産が全部簿価で売れるわけではないでしょう。だから、本当は流動資産から在庫は差っ引いて計算すべきかもしれません。あるいは在庫は簿価の70％で評価するとか。

　ネットキャッシュがマイナスの会社というのは、借金が「とり

あえず短期間で現金化できる会社の資産」を上回っている会社だということです。これを「ネットデット（純負債）」のある会社と言い換えることもできます。ネットキャッシュがマイナス20億円の会社はネットデットが20億円の会社です。

　私は、最初の大雑把なスクリーニングでは流動資産をそのまま使っています。投資有価証券に70％を掛けているのは一般的にコストが簿価を大幅に下回っていることが多く、現金化すると税金を払わないといけないからです。いちいち有報（有価証券報告書）でコストを調べるのも面倒なのでコストを保守的にゼロとして売った時の税金分30％を引いているのです（大雑把な計算なので税率30％としています）。これで時価総額20億円以上の条件でスクリーニングし、ネットキャッシュ比率で見て数値の高い順に並べます。

　個人投資家の方で自分にはそういうスクリーニングはできないという人は、とりあえず低PER、低PBR銘柄の中からいけそうな銘柄を選び、ホームページで決算短信を見てネットキャッシュ比率を確認してもいいかもしれません。PBRは低くても「この会社は固定資産ばかりで現金にまったく余裕ないわ」などとチェックするだけでもいいでしょう。

　我々は、このスクリーニングを数ヵ月に一回やって割安銘柄の候補を探していました。最後にやったのはファンド終了の１年ぐらい前でしたかね。

　その時はネットキャッシュ比率１以上の銘柄が320社もありました。**ネットキャッシュ比率が1というのは「会社がただで買え**

るほど割安」ということです。数字が大きいほど割安ということになります。

　ネットキャッシュ比率が1なら、お金を借りて時価でその会社の株を全部買うと、借りたお金は会社にある現金や換金可能な流動資産を売って返済できます。つまり、ただで会社が買えるのです。

　さらにネットキャッシュ比率が1を超えている株式は「ただで会社をもらった上に現金までもらえる」ということですから、さらに非常識なvaluationです。常識ではありえないことが日本の株式市場では起きています。今は少し数が減っているかもしれませんが、非常識に割安な株式はまだいっぱいあると思います。

　ここで大型株、中型株、小型株の定義をしておきましょう。これは私の勝手な定義です。

・大型株　　　時価総額3000億円以上
・中型株　　　時価総額500億円以上、3000億円未満
・小型株　　　時価総額500億円未満

　普通の人の定義だと、大型株の定義は時価総額5000億円以上とかですかねえ。私は小型株ばかり見ているのでかなり小型株にバイアスがかかっています。時価総額4000億円とかになると大きく見えちゃうんですよ。

　最後に作ったリストを見ると、ネットキャッシュ比率1以上では大型株はゼロでした。中型株は11社、小型株は309社です。

　コロナのパンデミックで相場が暴落した際には、工作機械株を1社買いました。PERで見ると各社あまり差はありませんでしたが、ネットキャッシュ比率で見ると「牧野フライス」が突出して

割安で、確かネットキャッシュ比率で0.9倍とかだったのでこの会社を選んで買いました。

　牧野フライスは、その後、自社株買いも増配もしてくれました。結局、会社は解散なんかしませんから、BS（バランスシート）のいい会社に期待できるのはまずは「増配」と「自社株買い」でしょう。その原資になるのがネットキャッシュなわけですから（その意味では、やはり流動資産の中にある在庫は流動資産から差っ引いて計算したほうがいいのでしょうね）、ネットキャッシュ比率に注目するのは当然だと思います。

キャッシュニュートラルPER

　同じ将来性の会社があって、一方はネットキャッシュが豊富、もう一方はネットキャッシュがマイナス（つまりネットデット）だとしたら、当然、前者の適正PERは後者より高くなるはずです。

　でも、どれくらい？　この疑問は、どの会社もネットキャッシュをゼロにそろえて比較すれば解決します。例えば、PERが15倍の会社があるとします。ネットキャッシュ比率0.3倍の場合、仮にネットキャッシュ比率がゼロだと仮定すると（つまりネットキャッシュで今の株価で自社株買いすると）、調整PERは15 ×（1 － 0.3）＝ 10.5倍になるわけです。これを「**キャッシュニュートラルPER**」と呼んでもいいかもしれません。財務構造をそろえたPERということです。ほぼ暗算でできますから楽ですよ。

> キャッシュニュートラル PER
> ＝ PER ×（1－ネットキャッシュ比率）

もちろんこんな簡単な計算で済むのには理由があります。それは預金金利がゼロだからです。

　預金金利が大きければ自社株買いで預金を使えば預金金利が減るのでその分また計算へ落とし込まないといけません。しかし今後数年間、いや10年以上、預金金利は無視できるほど低いままでしょう。従って大雑把にこの公式を使い続けることはできると思います。

　ネットキャッシュがマイナス、つまりネットデットの会社については、さすがに借入コストをゼロと置いて計算するのは乱暴すぎるかもしれません。でも、そもそもネットキャッシュがマイナスの会社は我々の投資対象外なので問題になりません。

　基本、我々の運用手法はPERとネットキャッシュ比率で割安株を選んで会社の中身を調べて株式を買いますが、キャッシュニュートラルPERを使えばこの２つの指標は１つになります。これが、我々が「割安」「割高」を判定するvaluationです（なお、ネットキャッシュ比率が１以上だと割安過ぎてキャッシュニュートラルPERが定義できません）。

キャッシュニュートラルPERの問題点

　なお、PERとネットキャッシュ比率で割安株を判断するこの判定方法には２つの問題があります。

　一つ目は、投資有価証券以外の「固定資産の価値をまったく無視している」ことです。つまり、土地をたくさん持っていて、そ

れが簿価に比べてとても価値が高いなどの割安銘柄を見逃してしまうことです。

　二つ目は、より大きな問題である割には見過ごされがちなので気を付ける必要があります。それは企業がゴーイングコンサーン（継続する主体）であり続けるための「設備投資のスケジュール」です。

　小型株にはあまり関係ありませんが、日本の株式市場では製造業の存在感が大きく、重厚長大な製造業を中心に、工場や設備が古いのです。よく古い工場で事故も起きていますよね。工場を丸ごと建て替えなければいけないような場合、当然大量のキャッシュが必要となります。そうなるとネットキャッシュ比率も大きく変わってきます。大型株で古い製造業の場合、工場設備が古くなりすぎていないかチェックする必要があると思います。工場建て替えの際、ネットキャッシュがプラスだった会社が一気にマイナスになる可能性がありますからね。

　以前は私もこれをあまり気にしていなかったのですが、時がたって私も年を取り、日本の工場も年を取ったのですよ。40年前、野村證券に入社したばかりの時には、鉄鋼業界担当となって日本鋼管（今のJFEスチール）の扇島工場によく外国人投資家を連れて行きました。日本が誇る最新鋭のグリーンフィールドの一貫製鉄所でしたが、あれから40年以上たちました。この製鉄所、2023年の９月に閉鎖になったのですね。JFEは同年2100億円を公募増資と転換社債発行で調達しました。株価への悪影響を避けるため「新規の電炉建設など成長のための前向きな資金調達だ」と喧伝されましたが、「古い設備を破棄して新しい設備を導入する

のに十分な減価償却費の積み立てがなかったので資金を外部調達した」とも言えるわけですよ。古い産業のアナリストの方は、そろそろ設備や工場の更新のスケジュールに気を付けたほうがいいかもしれません。いくらキャッシュリッチでも、工場の建て替えの予定があるような会社は自社株買いを渋るかもしれません。要注意です。

そうそう、この前、ある化学企業のホームページを見ていたんですよ。2ページ目に主力工場の写真が載っていて「これがわが社の主力工場です。創業以来〇〇年、この土地でやっています」と誇らしく書いてあるのです。でも、工場の写真を見て思いました。「わっ、古すぎ。全部錆びてるじゃん。工場全体がゴミみたいだなあ」。ホームページにはその会社の新製品の説明なども書かれていましたが、私には「この工場いつまで使うの？」という疑問だけが残りましたねえ。

REIT（不動産投資信託）も考え方は同じです。築年数が古いオフィスビルなどを持っているREITは建て替えに直面すると大きな現金の流出になります。というか、築年数30年の物件を買ってポートフォリオに入れると、その30年分の減価償却費の積み立て分が最初からないわけですから、基本、建て替え時に償却費の積み立て不足に直面するわけですよ。

今のところは大きな問題にはなっていませんが、あと15〜20年すれば投資家の皆さんも気にし始めるかもしれません。「REITは安定的に配当が出るからずーーーっと持ったままで大丈夫だ」と思わないほうがいいかもしれませんよ。

成長率、金利から適正PERを導く

　ここからは金利を踏まえて、「割安」とは何かについてさらに深く考えていきます。金利を導入するとちょっと計算が面倒くさいですが、PERがその会社の将来の利益をどう織り込んでいるかを議論する際、金利を無視するわけにはいきません。

　難しい話や計算が苦手な方は、ここは飛ばしていただいて結構です。121ページに進んでください。でも、これだけは覚えておいてください。**「今の日本の長期金利を前提にすると、PERが10倍以下の株は総じて信じられないぐらい割安。長期金利（10年国債の利回り）が3％まで上昇してもまだ十分割安」**だということを。

　さて、ある会社が今年100円儲け、来年も100円儲け、その後解散するとしましょう。この会社の企業価値はいくらなのでしょうか？　200円なのでしょうか？

　ここで金利の前提を2％としましょう。今年100円持っていれば来年になると金利がついて102円になります。逆に来年貰える100円は現在の価値に引き直すと98円にしかなりません。今年の98円と来年の100円の価値が等しいのです。

　従って、この会社の今の企業価値は198円です。金利がそれぞれ2％、5％の場合、将来の100円の価値を現在価値に引き直すと次の図表3のようになります（例えば、金利2％で5年後の場合、$100 / (1.02)^5 = 90.6$）。

図表3

	5年後	10年後	20年後	40年後
金利2%	91円	82円	67円	45円
金利5%	78円	61円	38円	14円

　PERの最大の問題点は「どこまで先の利益を予想すればいいだろうか?」ということです。しかし、企業はゴーイングコンサーン(継続する主体)であり、我々は企業がどこまで継続して事業を行うのかわかりません。

　一株当たり利益(EPS)が100円の会社があったとして、この会社の一株当たりの利益が将来もずーーーっと100円だったとします。金利がゼロだと、この会社の価値は無限大になります。100円を無限に足していくことになるからです(なお、今後この章のPERの計算では断りがない限りスタート時のネットキャッシュ比率はゼロが前提です)。

　だから金利を2%と置きましょうか。金利2%で会社の価値を計算すると、

　$100 \times [1 + 1 / (1.02) + 1 / (1.02)^2 + 1 / (1.02)^3 + \cdots\cdots]$

無限等比数列の和の公式を使って計算すると、

　$100 \times [1 / (1 - 1 / 1.02)] = 100 \times 51 = 5100$ 円

となります。適正PERだと51倍ですねえ。これがこの会社が金利2%、利益100円を続けると仮定した際の適正PERになります。

　では、この株の実際のPERが15倍だったとしましょうか。いくらの割引率(金利などを踏まえて、将来の価値を現在価値に換算する際の利率)だったらつじつまが合うでしょうか。

1500 = 100 × [1／{1 − 1／(1 + x)}]でxを求めると7.14％となります。金利が2％だとすると残りは5.14％となり、これをリスクプレミアムと呼びます。

黒田東彦前日銀総裁が言っておられた「株のリスクプレミアムが大きすぎる」とは、この5.14％が大きすぎるということです。もしリスクプレミアムが3％なら適正、ということなら適正株価とPERは2100円、21倍になります。

私はこのリスクプレミアムという概念が大嫌いです。そもそもリスクプレミアムとは「会社が将来利益を出し続けられるか不安だから、その不安分を金利に上乗せしよう」という銀行的な発想なのです。

我々投資家は、そんな発想で物事を考える必要はありません。株式投資家はリスクプレミアムと業績予想を分けて考える必要はなく、業績に不安があるなら最初からストレートに利益予想を減らせばいいのです。

計算式を書いてみましょう。一株当たり当期利益 = EPS、金利 = 2％、次の期の利益／ある期の利益 = a（aは永久成長率と呼ばれます）とすると、

株価 = EPS × PER = EPS × [1／(1 − a／1.02)]

となって以下の式が求められます。

a = 1.02 (1 − 1／PER)
PER = 1.02／(1.02 − a)

今日本の株式市場全体のPERは15倍ぐらいなので金利２％の例で計算すると上場企業の利益は平均毎年4.8％ずつ減っていくと見込まれていることになります。長期的には金利はもっと高いだろうということで金利５％で計算すると上記の公式の1.02を1.05に変えればいいだけの話なので毎年２％の減益を株価が織り込んでいることになります。

　このように、毎年同じ率の増益、または減益が永遠に続くとするモデルを**「1段階無限等比数列モデル（略して1段階モデル）」**と呼びましょう。下の表はPERと金利を決めると a がいくらになるか、つまり利益が毎年何％ずつ増えていくか（減っていくか）がわかる表です（あくまでも理論的な話ですが）。

図表４：1段階無限等比数列モデル

		金利			
		2.0%	3.0%	5.0%	10.0%
PER	5	-18.4%	-17.6%	-16.0%	-12.0%
	10	-8.2%	-7.3%	-5.5%	-1.0%
	20	-3.1%	-2.2%	-0.3%	4.5%
	30	-1.4%	-0.4%	1.5%	6.3%
	50	0%	0.9%	2.9%	7.8%

　この表を見るとPERが10倍以下だといかに大きな減益が将来にわたって続いていくことが見込まれているかがわかります。金利を２％と置いて計算するとPERが10倍の株は毎年の減益幅8.2％

が株価に織り込まれていて、もしそこまで悪くならず毎年3.1%の減益で済むのなら適正なPERは20倍ですので株価も2倍になってしかるべき、となるわけです。

「1段階モデル」は低PER株に有効

　先ほどの表を見てなんか変だと思いませんでしたか？　金利2％の場合、PER 50倍の企業は将来利益がずーーーーっと横ばいってことですよねえ。でも、利益が伸びていてもっとPERが低い会社はいっぱいあるじゃないですか。これだとほとんどの日本株は「超割安」ってことになりませんか？

　一つには金利の前提が2％でいいかどうかです。これを書いている時点では40年国債利回りが1.7%ですから妥当に見えます。しかし、「今、たまたま日本は長い歴史の中で異次元緩和という超低金利の特殊な局面にあり長期的には長期金利は5％だ」と主張することもできるでしょう。

　金利が2％だと永久成長率は2％以上にはなりません。成長率が2％になると企業価値が無限大になるからです。

　では、利益が年率5％で成長している会社はどのように評価したらいいのでしょうか。

　金利2％では企業価値は無限大になりますから、1段階モデルを変更する必要があります。5年間は5％ずつ伸びるけど、その後は利益横ばいになるなど、多段階のモデルにしないとこの矛盾は解決できません。面倒くさいけど計算してみました。

PER50倍で金利２％だと、１段階モデルだと利益横ばい、でも５年間年率５％で成長した後、利益が永久に年率0.3％ずつ減っていくと仮定すると（２段階モデル）、同じく50倍になります。

　PERの高い株ではどうしてもどこかで成長が止まると仮定して多段階の無限等比数列モデルを作らないといけません。PERが100倍の株で５％成長が続いているのなら、かなり先までその成長が続くと予想しなければつじつまが合いませんが、それでもどこかで成長が止まるモデルにする必要があります。

　しかし、いつまで成長が続くのか正しく予想することなどできるのでしょうか？

　その点、低PER株は将来の業績予想を10年後まで真剣に考える必要はありません。10年後の利益は相当落ち込んでいることがすでに株価に織り込まれているのであまり関係ないのです。

　それに対し、高PER株は10年後の利益まである程度予想する必要があります。我々はそれが苦手なのもあってPERの高い成長株は手掛けないのです。その意味では。低PER株のリサーチのほうが楽だし効率的です。

　私は昔、いろんな成長モデルを作ったことがありますが、面倒なだけでお金儲けとは何の関係もないのでもう興味をなくしました。時間の無駄です。ラッキーなことに低PER株については「１段階モデル」でも結構役に立つのです。

金利が上がると、高PER株は不利？

　日経CNBCを見ていたらこんな見出しがありました。

「金利の先高観でグロース株に試練」

　これはどういう意味なのでしょうか？　金利が上がると利益予想を変えない限り、すべての株式の理論価格は下がります。将来の利益を現在価値に引き直すときディスカウントが大きくなるからです。では、なぜことさら「グロース株に試練」なのでしょう？

　先ほどの１段階モデルを改良した下の表はPER別に、２％の金利が３、５、10％に上がるとどれだけ理論株価が下がるかを示しています。

図表5

		金利		
		3.0%	**5.0%**	**10.0%**
PER	**5**	-3.7%	-10.3%	-22.5%
	10	-8.0%	-20.5%	-39.6%
	20	-15.6%	-35.2%	-58.0%
	30	-22.0%	-45.3%	-67.8%
	50	-32.2%	-58.3%	-78.1%

　PERが５倍の株の場合、金利が２％から５％に上がると10％理論株価が下がります。それに対し、PER50倍の株は58％も理論株価が下がってしまいます。

　まあ、これも無限等比数列モデルの問題点と言ってしまえばそれまでですが、仮に高PER株に多段階モデルを適用しても「**金利が上がるとき、低PER株より高PER株のほうがネガティブな影響**

が大きい」のは確かです。

これは、低PER株は将来の利益が現在のほうに偏っているのに対し、高PER株は将来の利益が現在から離れたところにあるのが理由です。遠い将来の利益は、どうしても現在価値に引き戻すときに金利の影響を強く受けてしまいます。米国のCNBCでも毎日のように「金利が上がるならグロース株よりバリュー株（低PER株）だ」といった議論をしています。あくまでも「相対的にバリュー株が有利だ」ということなのですが。

気を付けていただきたいのは、現実に金利が上がる時、必ずしも理論通り「高PER株が大きく下げ、低PER株が少しの下げで済む」というわけではありません。そういう傾向にはなると思うのですが株価はいろいろな要因で動きます。あくまでも巷でよく言われている議論を理論的に解説しただけです。

割安株を買うと儲かるの?

まさにこれでしょう。読者の方が一番知りたいのは。

結論を申し上げれば、「もし割安株を買って儲からないなら、そもそも割安の定義が間違っていた」ということです。逆に（正確には対偶命題で）言うと、「**①割安株に投資すると儲かります**」。もちろんすぐ儲かるかどうかはわかりませんが。

低PERの株を買っても2年目から赤字が続けば株価は上がらないどころか下がるでしょう。この会社は今の業績を基に計算すると低PERではあるけれども「割安」ではなかった、ということになります。

ただし、**低PERの株は将来の業績予想をするとき、別に増益に**

なる必要がないのです。業績横ばいでも株価が上がる可能性は十分あります。なぜなら、過大な固定資産投資をしなければネットキャッシュが毎年大きく積み上がってくるからです。ネットキャッシュ比率が１を超えてくるとさすがに投資家の目に留まります。自社株買いや増配を求める声も大きくなってくるでしょう。

　ネットキャッシュ比率が１以上の銘柄が300社もあるのは、割安銘柄が割安なまま放置された結果だとも言えます。しかし、割安なまま放置されている間、どんどんネットキャッシュが溜まっていくわけです。ある意味ネットキャッシュ比率が１以上というのは「矛盾」です。株価が上がらないまま、何年もたつとネットキャッシュがさらに溜まってこの「矛盾」が一段と大きくなってきます。

　ネットキャッシュ比率が１でPERが７倍の株なら、配当を払わなければ７年でネットキャッシュ比率が２になりさらに矛盾が大きくなります。だから、正しい「割安」の定義は、**「②割安な株の株価が上がらず割安に放置されたままだと時間の経過とともに矛盾がさらに大きくなる」**ということかもしれません。そして、その矛盾は無限に大きくなることはなくどこかで解消されていくということなら①と②の命題は一致します。

　もちろん儲けを全部配当で払えばネットキャッシュは積み上がりません。でも、PER7倍の株が儲けを全部配当で払えば、配当利回りは14.3％ですよ。それで株価が上がらないわけはないでしょう。

　その逆を考えてみましょう。割安株が割安なまま何年も放置さ

れても何の矛盾も起きないケースです（何の矛盾も起きなければそれは「割安株」ではなかったことになるのでこれは「偽割安株」です）。

これを「バリュートラップ」といいます。表面的な割安さ（偽の割安さ）に惑わされて投資をしたけど結局株価は上がらなかったというケースのことです。

ここでも悪役はPBRです。こういう会社を考えてみましょう。資産は100億円の工場だけ。借金ゼロ。純資産100億円。儲けは毎年税引きで2000万円。時価総額が20億円だったとしましょうか。

PBRは0.2倍ですから、これだけで見れば割安に見えます。でも、PERは100倍で全然割安ではないし、儲けを全部配当で払っても配当利回りは1％にしかなりません。この会社はこのまま操業を続けても何年たっても株価が上がらない可能性が高いでしょう。株価が上がらなくても何の矛盾も蓄積されませんから（さすがに100年経てばネットキャッシュ比率が1になるかもしれませんが）。

典型的なバリュートラップは、PBRの低さに目を取られ過ぎた時に起きることが多いと思います。これも我々が決算短信を見てネットキャッシュをチェックすることをお勧めしている理由です。

補足1：EV/Ebitda倍率

財務構造に依存せずに企業価値を査定する方法にEV/Ebitda倍率があります。日本人はエビットディーエー倍率とかエビットダ

倍率とか呼んでいますが米国人の発音はほぼエビッダ（マルティプル）です。

　この指標はインベストメントバンカーが使います。分母がその会社の事業が生み出すキャッシュフロー（当期利益＋金利＋税金＋減価償却費）であり、簡単に言うと「営業利益に減価償却費を足した数字」です。分子は株式の時価総額に負債を足した額です（Ｅは当期利益、ｂはbefore、ｉは金利、ｔは税金、ｄは減価償却費、ａはアモタイゼーション、無形固定資産の償却です。ここではａは無視しましょう）。

　99ページのPERの議論で使ったケース１、２を減価償却費10億円としてEV/Ebitdaを計算すると、次のように同じとなります。

ケース１　$(100 + 100) / (5.6 + 2 + 2.4 + 10) = 10$ 倍
ケース２　$200 / (7 + 3 + 10) = 10$ 倍

　私は面倒なのでこの指標を使いません。個人投資家やプロの投資家でも使う必要はないでしょう。でも、企業買収の際などによく出てくる言葉なので使わなくても知っておいたほうがいいかもしれません。日経新聞なんかにも説明なしでよく出てくる言葉です。

　例えば、ある薬局チェーンが他の薬局チェーンの買収を考えている時、「我々の目線はEV/Ebitda倍率で５倍だ」と言っていたとしましょうか。この意味は「キャッシュニュートラルの会社ならEbitdaが50億円の会社には250億円まで買収資金を出す用意がある」、あるいは「ネットキャッシュが50億円ある会社なら300億

円まで出していい」ということです。

補足2：EPSの補正

これまではPERを議論する際、企業の当期利益が毎年5％ずつ下がるとか永遠に横ばいだとか、計算に都合のいい例で説明してきました。

でも、実際は企業の利益水準はいろいろな理由で上がったり下がったりします。どの期のEPS（一株当たり当期利益）を基準にPERを計算したらいいのかは実は厄介な問題なのです。特に小型株は景気の波やその企業の個別要因によって利益の変動が大きいことが多いのです。

一株当たり利益（EPS）がある年に100円、次の年50円、次はまた100円、その次はまた50円、みたいな会社だと株価1000円として一体PERは何倍なのでしょうか？

EPS100円をベースにすればPER10倍、50円をベースにすれば20倍です。このようなパターンが繰り返せば、平均すればEPS75円なのでPERは13.3倍で、利益成長率ゼロと置いてもいいのかもしれません。

このように「ならされた」EPSを「正常化（normalize）されたEPS」と呼びます。ある年の利益にその年だけ発生する一過性の利益や損失が大きく反映されているときなどは、それを取り除いてEPSを計算するのもノーマライズのプロセスです。これを議論するのは面倒すぎるので、本文ではできるだけ単純な例でPERを説明しました。

　ただ、IPO（新規上場）で上場してきたばかりの会社については一言コメントを加えておきましょう。IPO銘柄に投資してきたベンチャーキャピタルは自分たちの儲けを極大化するため、「できるだけ利益が大きく出ていてしかも成長している」ように見える時期に上場させようとします。

　利益が成長しているように見えれば高いPERが付与され、高いIPO価格になるからです。つまり、IPO銘柄は業績・成長性ともにかなりバイアスのかかった「厚化粧」の状態で出てきている可能性が高く、IPO時の業績の伸び率をそのまま将来に伸ばして考えるのは危険です。上場後何年か経つと業績がずっこけてくる会社が多いというのが私の印象です。これも我々がマザーズ市場（グロース市場）を嫌っている理由の一つです（IPO銘柄はマザーズ市場で上場になることが多いので）。

割安小型成長株投資の「破壊力」

　ここまでは「割安株」の定義の話をしてきましたが、ここからが本題です。我々が「小型株」投資に傾注してきた理由は以下の通りです。

　1. 割安株が多い
　2. 独自のリサーチがしやすい
　3. 機関投資家が持っていない
　4. アナリストがカバーしていない

　我々の戦略は割安小型株の中から **「割安小型成長株」** を探すと

いうことです。手間はかかりますが、**これが日本の株式市場で一番儲けやすく、しかも大きく儲ける方法です**。数は少ないけれど「成長株が割安小型株の中に紛れ込んで」いて、株価がとっても安く放置されていることがあるのです。

　我々が言う小型株とは、先ほど定義した時価総額500億円未満の株式のことです。店頭登録株（1998年12月以降はジャスダック株、今ならスタンダード株）をイメージしてください。我々は、割高な株が多いマザーズ市場（現在のグロース市場）はほとんど相手にしてきませんでした。

　小型株に注力してきた一番の理由はその割安さです。ファンドを始めた1998年当時、小型株はとても割安だったのです。

　でも、それ以前から常に小型株が割安だったわけではありません。まだ店頭登録株と呼ばれていた時代の1986年には、店頭登録株の投資信託への組み入れが解禁されました。機関投資家にも参加してもらおうということで。当時は、機関投資家で店頭登録株を買うとしたら投資信託ぐらいしかありませんでしたからね。当時の外国人投資家、国内の年金、生損保は基本的に大型株投資ですから。投資信託だけが、店頭登録株市場への機関投資家参入の唯一の可能性だったわけです。

　結果、大手の投資信託会社がこぞって小型株ファンドを設立し、小型株（店頭登録株）は急騰しました。小さなマーケットに巨額の資金が集まったためあっという間にバブルとなってしまったのです。

　ちなみに、設立された小型株ファンドは、顧客がいつでも解約できるオープンエンドの投資信託でした。当時の投資信託は、3％の販売手数料を証券会社が稼ぐためのいわば「道具」の一つでしたから、基準価格がコストを上回ると（つまり客側に利益が出ると）客にすぐに売らせて他の投資信託に乗り換えさせるという商習慣になっていたのです。そのため、暴騰した小型株ファンドは絶好の利食いのチャンスであり、投資信託の回転商いの餌食となりました。

　そして一瞬のバブルの後、小型株相場は暴落しました。大量に買い込んだ小型株を市場で裁くのは困難を極めます。顧客が小型株ファンドを解約すれば（実際には証券会社の営業マンが手数料稼ぎのために解約させるのですが）、小型株ファンドの運用者は解約に対応するための現金を作らなければならず、保有する小型株を市場で売却することになります。各投資信託会社で小型株ファンドが一斉に設立されて一気に小型株を買い上がり、その後解約が出て一斉に市場で投げ売るという流れになってしまいました。

　結果、ファンドの基準価格は暴落。小型株ファンドは大失敗に終わりました。その後、トラウマを抱えた証券会社、投資信託会社は、流動性の低い小型株を投資信託で扱うのを極端に嫌うようになります。

　この一件は10年以上尾を引き、小型株における機関投資家不在の状況は続きました。小型株にとって良かれと思って政府がやったことが完全に裏目になったわけですね。

1989年に株式市場がバブルのピークを付け、翌年から株式相場全体が下落に転じると、もう小型株どころではなくなりました。1998年に我々のファンドがローンチした際も、小型株はPER、PBRで見て大型株より大幅に安く放置されていました。正確に言うと小型株の中にたくさんの割安株があった、ということです。

小型株が割安である理由

　小型株をPERとPBRだけで大型株と比較して割安だと結論付けることはできません。なぜなら、小型株には低PER、低PBRである正当な理由があるからです。

　まず挙げられるのがその**流動性の低さ**です。流動性が低いので機関投資家の投資対象になりにくい、従って株価が安い。これは誰にでもわかるでしょう。

　しかし、低PER、低PBRで評価されている正当な理由は、他にもまだ可能性としていくつかあります。

1. 大企業の下請け的な仕事をしていて「価格決定力」がない
2. 参入障壁が低い
3. 優秀な人材がいない
4. オーナー経営者の息子（次期社長）がバカである
5. 世の中の関心が薄いため経営者が不祥事を起こしやすい
6. TOBしにくい株主構成になっているので経営者が堕落しやすい
7. 粉飾決算があった時にダメージが大きい

8. 海外に進出するだけのリソースがない

9. 株を相続する時のために（相続税を安くするために）、できるだけ株価は安いほうがいいとオーナー社長が思っている

10. オーナー社長が引退する時に莫大な退職慰労金が支払われることがある

あくまでも可能性の話ですが、こうしたリスクが小型株にはあるのです。

我々は、PER、ネットキャッシュ比率で割安である順に銘柄が出てくるようスクリーニングを行います（個人投資家の皆さんは、今はそういうスクリーニングはできないかもしれません。しかし、そのうちネット証券のサービスでネットキャッシュ比率、あるいはEV/Ebitda倍率とかも見られるようになると思います）。すると、基本ダメな会社順に並んで出てきます。でも、その中に「この会社ってそんなにダメなの？　ちょっと調べてみようか」という会社が何社か出てくるのです。砂の中から砂金を見つけるイメージで。

つまり、**いろいろな理由で小型株は安いけど、本来そこまで安くなくてもいい銘柄までまわりにつられて安くなっている**、ということです。それを一銘柄ずつ会社訪問をし、丹念に調べていこうというのが我々のやり方でした。それで万が一「成長株」を見つけると、ホームランです。手間とエネルギーのいる仕事なので年を取るとだめですね。

「イメージの悪い業界」こそチャンス

　低PER、高ネットキャッシュ比率銘柄で特に数が多いのは「不動産株」です。

　昔、「菱和ライフクリエイト」というマンションデベロッパーがあり、社長がわけのわからない理由で逮捕されて辞任しました。我々は大株主で一時的に被害を受けましたが、割安な株であったため、その後TOBになり儲かりました。結局、社長は無罪。とてもばかげた逮捕劇でした。

　不動産会社D社の場合、社長が愛人宅のマンションで薬物を摂取し、ラリっているところを警察に踏み込まれてあえなく逮捕（事情通の方からの話で事実確認はしていませんが）。さすがに現行犯ではねえ。執行猶予付きで有罪になったのだと思います。

　後で詳しく書きますが、大阪のワンルームデベロッパーのプレサンスコーポレーションの社長も逮捕されました（結局無罪）。最近では、三栄建築設計の社長も暴力団に金を渡したのがばれて辞任しました。

　こうした経営者リスクのほかにも、中小の不動産会社は不動産市場が悪化すると、場合によっては倒産しますし（リーマンショック時は数多くの上場不動産会社が倒産しました）、1980年代のバブル時にヤクザが絡んだ「地上げ」のイメージもあるのかもしれません。

　そんなこんなで**中小の不動産会社は株式市場での評価がとても低い**のです。確かにこれだけ逮捕者が出たり、リーマンショックで多くの倒産があったりしたわけだから、それは「正当な評価であってバイアスではない」という意見もありそうです。でも、そ

れにしても株価が安すぎます。

　だから、**数少ない「まともで自己資本比率が高い」中小型不動産株はお買い得です。**さらに、業績が伸びていれば株価が数倍になるのも夢ではありません。

　我々にとっては割安な中小の不動産会社株は「リサーチするに値する投資対象」です。後で詳しく書きますが、我々のファンドの25年の歴史で一番儲かったのがプレサンスですから。

　割安小型株の中でも株価が大きく上がるのは、やはり成長する会社です。その会社の成長性がまったく市場で理解されておらず、PER5倍とかなら買い集めれば強烈なリターンになるわけです。

　人気のないセクターの代表として中小の不動産会社の話をしましたが、**ほかにもイメージの悪い業界はあり、往々にしてそこに面白い投資機会が隠れています。**

　家具のニトリなども以前は人気がなかったんですよ。景気がどん底の北海道銘柄ということで。家具という市場自体が魅力的なビジネスではないですからねえ。ニトリの株価が10倍になって我々は売りましたが、日本の家具市場の規模はその間に半分になりました。業界としてみれば最悪だったわけです。人材派遣業も胡散臭い目で見られていたので「UTグループ（第6章で後述）」のような成長企業を機関投資家は見逃しました。

　ほかにも例を挙げるなら、我々は長い間「上村工業」の株主でした。この会社は超ハイテクな優良企業です。しかし、「メッキ」の会社というイメージ（下町の汚い工場で金属をメッキ液に

ドブづけしているようなイメージ）が強くて、我々が投資し始めたところはPERが低かったのです。

　こうした**成長性がないと思われている業界やイメージの悪い業界からぜひ成長株を探してみてください**。割安なら、業績が横ばいの会社でも少しは儲かる確率が高いし、成長株を当てれば株価は何倍にもなりますから。

小型株の成長性は「経営者」が9割

　では、長期的な成長性を見抜くにはどうしたらいいでしょうか？　いくつかのポイントを示します。

1. 経営者がその企業を成長させる強い意志を持っているか（必要条件）
2. 社長と目標を共有する優秀な部下がいるか
3. 同じ業界内の競合に押しつぶされないか
4. その会社のコアコンピテンス（強味）は成長とともにさらに強くなっていくか
5. 成長によって将来のマーケットを先食いし、潜在的マーケットを縮小させていないか
6. 経営者の言動が一致しているかどうか

　この中で圧倒的に大事なのが1.です。これだけはホームページや社長の発言などで絶対確認すべきです。ただ、社長が口で「成長します」と言っていても、どこまで本気なのかは簡単にはわからず、判断が難しいのも事実です。私も随分とたくさんの社長に

会いましたが勘違いもいっぱいしました。

　一番ダメだったケースを紹介すると、IT企業のニイウスです。IR担当者にアポを取ると頼んでもいないのに必ず社長が出てくるんですよ。「不思議だなあ」と思っていたら粉飾決算であっという間に倒産しました。頼んでもいないのに社長が出てくる会社には気を付けたほうがいいかもしれません。

　ほかにも、あるIT企業の社長にアポを取って会いに行ったら完全にお飾りだけの30代のお坊ちゃま社長でした（オーナー経営者の言いなりってことです）。せっかくアポの時間を貰ったのですぐ帰るわけにもいかず、聞くことがないので定番の質問をしました。「趣味は何ですか？」と。すると、俳句だと言うんですよ。「この若さで俳句かよ」と思いましたが「いい趣味ですねえ」と一応答えました。しかし、言い方が白々しかったのか、その社長は私が帰るまで「自分は間違ったこと言ったの？　俳句じゃダメなの？」とすごく気にしていましたねえ。この会社の株価も低迷し続け、最後には安値で買収されてなくなりました。

　電子部品商社で強烈に割安だった会社の社長は、ビジネスの話をしてもちゃんと答えず、20分で取材は終わりました。大株主になった後に夕ご飯をご一緒したら、急に元気が出て魚の話ばかりするんですよ。「日本人は魚を食べているから頭がいい」「魚を食べないとバカになる」という話を2時間延々とし続けていましたねえ。「水を得た魚」みたいに。この会社もダメでした。

　あと「女性の悪口」を言いまくる社長もいて、「女は昔のことでいつまでもブチブチ文句を言う」と言うのですが、今ならESG

でアウトですよ。ＳとＧ両方で。「お前こそ女性の悪口をブチブチ長々と愚痴っているだろうが」と思いましたが、この会社もさえませんでした。

　桂川電機の社長もひどかったなあ。この会社はネットキャッシュ比率がバカ高く、確か４倍ぐらいありましたかねえ。いつもスクリーニングの上位に顔を出すのですが、赤字が続いて、何年か経つうちにネットキャッシュで見ても魅力がなくなりました。この会社の当時の社長も（とうに退任されていると思うのですが）、ビジネスの話をしようとしないのですよ。「正月明けから地元の消防団の集まりがあって」とか「去年の祭りで神輿がどうのこうの」とか、どうでもいい話ばっかりで。典型的なバリュートラップの例でしたね。桂川電機は赤字になったので株価は低迷し続け、矛盾なく偽割安（PBRで見て）なままでした。20万株ほど浮動株がありましたが、それを我々のようなバリュー投資家が買い、あきらめて売るとそれを買うのもまた勘違いしたバリュー投資家です。そうやって20万株がバリュー投資家の間をぐるぐる回っているだけのつまらない会社でした。ユニークな社長と話していると楽しいのですが、ズッコケすぎるとやっぱり駄目です。

　こんな間違いもありました。大阪の化学会社ですごく立派な社長さんに出会い、新製品も伸びそうだし「ここの株を早く買おう」と思いました。しかし、インタビューの最後に社長が「自分は現金が大嫌い。会社の価値は不動産をどれだけ持っているかで決まる」みたいなことを言うものだから、しらけて株は買わなかったのですよ。しかしその後、暴騰したのです。社長は銀行員らに洗脳されていたんですかねえ。もったいないことをしました。

　ユニークという意味で極めつきはゼンショーの小川賢太郎社長でしょう。そう、あの牛丼の「すき家」です。この社長はズッコケていたわけではありません。日本が誇る名経営者の一人です。ファンドが始まって間もなく上場してきたのですがまったく人気のなかった銘柄でした。PERは5倍で決算説明会に出たら出席者がたった2人だったこともあります。安いので社長にアポを取って訪問しました。まず、玄関を入るとベンチプレスのためのベンチと重そうなバーベルが置いてあります。社長は強烈な体をしていて「ほうれん草食べた後のポパイ」みたいなんですよ（たとえが古すぎますね）。「キン肉マン」の胸板を一回り厚くした感じです。話を聞くと東大で学生運動にのめりこんだおかげで就職がままならず、何とか牛丼屋で働くことになったそうです。そこでもひと悶着あって起業したとか。インタビューというより一方的に「牛丼がいかに優れた食べ物か」をまくし立ててました。そのうち「日本人は欧米人に比べて体格が貧弱すぎる。ちゃんとベンチプレスやって体鍛えて牛丼食ってれば戦争に負けなかった」とか言い出し始めて。「この人左翼なの？　右翼なの？　どっち？」と思って話を聞いてました。最後にメニューの説明を受けて終わりになりましたが、帰り際に「このメニュー1つもらっていいですか？」って聞いたら、こうですよ。「いいけど駅で捨てないでね」。

　株価が上がるのは確実だと思ってすぐに頑張って買いましたけど売り物がなくて2億円も買えませんでした。株価はすぐに何倍にもなり「中期経営計画の発表会」の時には50人ぐらい投資家が集まりました。驚いたのは5年後の利益計画が強烈だったこと

だけではありません。なんと５年後のPERと株価予想まで入ってるのですよ。とっても珍しい中期経営計画でした。

　ある時我々は小川社長の訪問を受けました。帰り際にエレベーターの前で私の部下が余計なことを言います。「実は私もジムで鍛えてるんです」と。「お前と社長じゃあ筋肉の量が全然違うだろ。失礼じゃないか」と思いましたが、やっぱり社長も「カチン！」ときたみたいで「おい！　胸貸せ！」その直後、「ドスン」です。なんと社長が私の部下にラリアットをぶちかましてました。こんな愉快な社長はどこ探してもいないと思いますよ。皆さんも小川社長に会ったときは言葉に気を付けてくださいね。「牛丼って飽きませんか？」とか言うと確実に一発食らうことになると思います。

　このように、**大型株に比べると、中小型株は社長の個性や良し悪しによる業績への影響が圧倒的に大きい**のです。大企業のようにたくさん経営資源があるわけではないですから。これがメガバンクなどであれば、誰が社長になっても業績はあまり変わらないと思います。そもそも、人材が豊富なのでダメな人が社長になる確率も低いでしょう。

「正のフィードバック」「負のフィードバック」

　長期的な成長を見抜くポイントとして、経営者の次に大事なのは「4. その会社のコアコンピテンス（強味）は成長とともにさらに強くなっていくか」かもしれません。

　「正のフィードバック作用」という言葉を聞かれたことはある

でしょうか。「あることが起きた時、それにさらに弾みをつけるような作用が働く」ということです。

たとえば、マーケットシェアが上がることによって、その業界内での競争力がさらに高まっていくのなら「正のフィードバック」が働いていることになります。例えば、SNSは参加者が増えれば増えるほど価値が高まります。参加者が増えることが次の参加者を呼び込む理由になるからです。SNSは典型的な「正のフィードバック」ビジネスですね。

勘違いされやすいのですが、マイナスへの増強作用も正のフィードバックとなります。「ある会社が10％減益になると次の年はもっと大きい減益になりやすい」。これも正のフィードバックなのですよ。

例えば、財務体質の悪い（自己資本比率の低い）不動産会社の業績が悪くなると銀行が金を貸さなくなることもあるでしょう。すると、資金繰りに困ったその会社は保有する不動産の売却を不本意な値段で迫られるかもしれません。結果として業績がさらに悪くなる。これも「正のフィードバック作用」です。

プラスの方向に正のフィードバックが働くのは「好循環」という言葉に近いですね。マイナスの方向に正のフィードバックが働くのは「悪循環」に近い概念です。

逆に、**「負のフィードバック」**というのは「今年10％増益になったら来年減益になる可能性が高い」というような場合です。例えば、電力会社は原料価格が下がると大儲けできます。でも、次の年には電気料金を下げなければいけないので「負のフィードバ

ック」が働きます。

　先ほどの5つのポイントのうち、「5. 成長によって将来のマーケットを先食いし、潜在的マーケットを縮小させていないか」、つまり需要の先食いで業績が伸びている場合などもこの例です。業績が伸びたこと自体がそのうち減益になる理由になるのです。

　人間の体の仕組みも、基本的には「負のフィードバック作用」で成り立っています。ホメオステイシスと言いますが、体内のいろいろな数値を一定に保つ力が働くのです。体温が上がれば汗が出てきて汗の気化によって熱を奪い、体を冷やそうとします。

　基本、「負のフィードバック」が働く業界や会社に持続的な成長はありません。だらだらと現状維持が続く可能性が高くなるのです。つまり株価が上がるにせよ、下がるにせよ、**トレンドとして大きく株価が動くためには「正のフィードバック作用」が必要なのです。**

バリュエーションの梯子を上る

　ここからは、割安小型株の中から成長株を見つけた時のイメージを**「バリュエーションの梯子を上っていく」**という概念で説明します。

　その前に我々の投資方法とは真逆の、一般的な「成長株投資」について説明させてください。有名な成長株はPER40倍などとすでに高くなっています。我々はそのような成長株には投資しません。その理由はこうです。

　(1)年20％ぐらいの増益が今後5年間見込まれているとしまし

ょうか。実際20％増益を達成してもPERが40倍のままなら年間の儲けも20％となります。5年間、20％成長し続けてのリターンは2.5倍です（計算式は$1.2^5 × 40 ／ 40 = 2.49$）。

(2) 万が一、2年目から15％増益へと成長率が鈍化してくるとPERは25倍に下がるかもしれません。それだと5年で31％のリターンにしかなりません（$1.2 × 1.15^4 × 25 ／ 40 = 1.31$）。

(3) 2年目から成長率が10％に下がってPERも20倍に低下すると、5年間のリターンはマイナス12％になります（$1.2 × 1.1^4 × 20 ／ 40 = 0.88$）。

　これが普通の「成長株投資」です。成長率が鈍ってくるとPERも切り下がってきてパフォーマンスに大きな悪影響を与えるのです。
　ところが、割安小型株の中から成長株を見つけると次のページの表のようになるのですよ。あくまで成功例ですが。これを我々は「Valuationの梯子を上っていく」と呼んでいます。割安小型成長株投資のエッセンスです。

図表6：バリュエーションの梯子を上っていく
（Climbing up the valuation ladder）

	2022年	2023年	2024年	2025年	2026年	2027年
売上（億円）	100	130	165	210	260	320
営業利益（億円）	9	14	18	24	30	36
当期利益（億円）	6	10	13	17	21	25
調査レポート	なし	いちよし証券	Walden Research Japan ／ SBI証券	大和証券 岡三証券	みずほ証券	野村證券／外資系証券
買い手	個人 小型株HF	個人 小型株HF	個人／小型株HF／小型株投信	個人／小型株HF／小型株投信	個人／小型株HF／小型株投信／日本株投信	個人／小型株HF／小型株投信／日本株投信／HF／海外小型株投信
PER（倍）	5	6	8	10	15	20
時価総額（億円）	30	60	104	170	315	500

※ HF=ヘッジファンド

　業績が好調で増益が続くと、この株に注目する投資家が増え、そのうち小型株を手掛ける目ざといヘッジファンド（我々のファンドもそうですが）が参加してきます。

　次に小型株を得意とする証券会社（例えばいちよし証券）のアナリストが会社を訪問して簡単なレポートを書きます。さらにSBI証券がリサーチを始め、その後大和証券や岡三証券が続きます。その頃になると、日本の小型株投信も会社を訪問して参戦してきます。その後、みずほ証券が続いて野村證券がレポートを出して完了というわけです。その頃には、参加する機関投資家は普通の日本株投信、年金運用の投資顧問会社、普通のヘッジファン

ドと格段に増えています。

　参加者が増えるたびに会社の評価は上がっていきPERは切り上がっていきます。この例だと５年で時価総額16.7倍、内訳は利益が4.2倍、valuation（PER）の切り上がりが４倍です。PERが切り上がる分、通常の成長株投資では考えられないようなリターンになるわけです。

　我々がK1ファンドの運用を始めた時はかなり慎重に銘柄を選んでいましたが（そのつもりでやってきましたがニトリの買い方などを見ると慎重と言えるかどうか）、運用資産が増えてくると「できるだけ早い段階でこのような成長株を見つけて浮動株を全部買う」という少々荒っぽい戦略になっていきました。

　前ページの表にあるように１年目で買えば５年間で約17倍のリターンです。一方、成長株かどうか自信がなくて２年間様子見をし、成長を確認してから買ったとしましょう。リターンは約５倍です。**割安小型成長株の醍醐味を満喫するには多少間違いがあってもいいから早い段階で買うべきです。**成長を「見てから」買うのではなく、成長を「予想して」買うのです。

　ニトリの場合には最初からまとまった株数が買えましたが、割安小型株は買い集めるのに時間がかかることが多いのです。１年かかることなどざらです。

　自分の買いで株価を押し上げるのは最悪なので、目立たないようゆっくり買うのが普通ですが、その途中で「これは成長株じゃないな。間違った」と思えば買うのをやめればいいのです。それがもたらす損失より、チャンスを見つけながらグズグズリサーチ

をしている間に株価が急騰してしまった際の機会損失（opportunity loss）のほうがはるかに大きいと思います。

　もちろん、「早い段階で買う」ことを優先するため、間違って非成長株を買ってしまうこともあります。

　しかし、結果として成長しなかった会社の株でもまずまず儲かったケースが多かったですねえ。買った銘柄はPERが低く、ネットキャッシュ比率の高い株でしたから。

　また、浮動株を全部買うということは、他のファンドはK1ファンドの真似ができないことを意味しています。他の投資家が後でこの成長株を見つけて買おうとしても、我々がすでに買ってしまっているのでもう浮動株はほとんどありません。それでも買いたいのであれば、株価、つまりPERは跳ね上がります。

　相場操作みたいで聞こえは悪いですが、浮動株の大半を買ってしまうことで株価を上がりやすくしている、とも言えますね。この戦略のおかげでK1ファンドはオリジナリティー溢れるファンドになりました。もちろん成長株でもないのに成長株だと信じて浮動株を全部買うようなことをすると後で市場で売却する際甚大な被害を受けます。後でも述べますがそれでもK1ファンドが何とかやってこられたのは売却する際、場で処分するのではなく自社株買いで応じてもらったことも多かったということがあると思います。

　割安小型株というのは機関投資家にとっては先着１名様の世界です。時価総額が50億円ぐらいだと株価を押し上げずに買える

浮動株はせいぜい2億円ほどですよ。だから、証券会社のアナリストがレポートを書いて機関投資家に見せても、証券会社はリターンを得ることができません。割安小型株のリサーチは、我々のような投資家が自前でやることになります。つまり、**アナリストとコンタクトのない個人投資家の方も割安小型株投資ならハンディキャップは小さい**のです。

資金100万円で「割安小型成長株」投資

個人投資家の方には、こういうやり方を提案してみたいと思います。これは初心者に近い方を前提にしたアドバイスです。

まず信用取引は避けてください。リスクが大きすぎます。2024年から新NISAが始まり、基本的に、個人は金額が大きくなければ利益に対する課税はゼロになります。まず新NISAの口座を開くべきでしょう。

私は日本株の大型株に投資するならTOPIXのETFが便利だと思っています。大型株は自分でリサーチしても得るものは少ないですからねえ。ETFに任せるのが合理的です。200万円日本株に投資するなら100万円はTOPIXのETF、残り100万円で次のように小型株投資をされたらどうでしょう。

(1)小型株の中でPBRとPERで見て割安な株の中から20銘柄ぐらい選んで画面に登録して株価の動きをモニターする。

(2)いろいろな追加情報を得ながら一番いけそうな銘柄から1銘柄10万円程度ずつ買っていく。または、相場全体が急落

してその20銘柄すべて大きく下げたら、大きく下がった10銘柄を一気に10万円ずつ買う。株価が1000円の株なら100株、500円の株なら200株とかで10銘柄で合計100万円という具合に（ただし割安小型株が相場全体の下げと一緒に下げるとは限らず、TOPIXが5％下がった時に5％以上下がる割安小型株はほとんどないでしょう）。

　銘柄を選ぶ際には、会社のホームページはちゃんと見てください。東洋経済の「会社四季報」をサブスクしてる人は四季報を使いまくりましょう。第1章で有料の情報源はいらないと申し上げましたが、やはり東洋経済の四季報はあったほうが便利ですね。

　個人投資家の方にこれを調べろ、あれも調べろというのは酷な話かもしれませんが、今は各社ホームページも充実してきています。決算説明会の資料もHP上で開示されていますし、ウェブで動画を配信する会社も増えてきています。昔と比べれば情報収集における機関投資家の個人投資家に対する優位性は大きく減少しました。売買手数料もネット証券のおかげで安くなりましたから、日本人の個人投資家なら中小型の日本株に投資しないのはもったいないと思いますよ。

「それらはみんなが接する情報源ではないのか？」という批判も聞こえてきそうですが、そもそも割安小型株というのはほとんど誰にも相手にされていないことが多いのです。情報が公開されていても見る人が少なければ立派な「非伝統的情報源」です。

「株価に何が織り込まれているのかどうやってわかるの？」という点に関しても、PERが5倍でネットキャッシュ比率が0.3倍な

ら「この会社はまったく成長しないどころか毎年27％ずつ減益になる」ということが織り込まれているのです。だから、割安小型株を投資対象とすると、リサーチに手間はかかりますがとても勝率が高いのです。

　ネットキャッシュ比率はホームページに決算短信が載っていますから、それでチェックできます。ネットキャッシュ比率の高い会社のPBRは必ず低いのですが、逆にPBRが低いからといってネットキャッシュ比率が高いわけではありません。資産に占める固定資産の割合が高いとネットキャッシュ比率は低くなります。それは決算短信を見ればすぐわかります。

　それで買ったら、３年間ぐらい（場合によっては５年とか）はその株を持つ。その間は四季報、ホームページでたまにフォローします。

　大事なのは、業績が伸びてきて株価が３割とか上がってきた時にすぐ売らないことですね。割安小型株が儲かる理由はここなんですよ。PERが５倍の株を買うと仮に業績が横ばいでも３割上がってPERが6.5倍でしょ？　まだ強烈に割安なわけですよ。売ってしまうとホームランは出ませんから。

　もちろん成長株だと思って買ったんだけど全然違ったわ、というケースなら３割上がって売るのも「あり」だと思いますけど。それをどこで見極めるかは難しいのですが、あえて言えば「大いなる違和感」を感じたときでしょうかねえ。

　我々も「マンダム」を成長株だと思って買ったことがありましたが、それは間違いだと気づいて売りました。でも、売ったとき

の株価は買値の倍以上です。「そもそも成長してないのに3割も上がるわけない」と思われるかもしれませんが、そうではないのです。EPSが伸びてなくてもPER5倍が6.5倍になるなんてことはしょっちゅうです。先ほど紹介した111ページの公式に当てはめてみましょう。仮にネットキャッシュがゼロとしてPERが5倍なら毎年利益が18.4％ずつ減っていくことが株価に織り込まれています。PERが6.5倍なら13.7％毎年減益です。だから利益が横ばいで3割株価が上がっても何の不思議もありません。

　割安小型株の株価は倍以上になる可能性を秘めています。それなのに3割の儲けで利食ってしまう人にはこの投資法はお勧めできません。あくまでも業績の見通し次第ですが、**最低2倍は狙うべき**です。頻繁に株を売り買いするのが趣味の方にもこのようなバリュー投資は向かないでしょう。

　もっとお金のある人は10銘柄100万円ずつ買って合計1000万円。その程度の金額なら買うのも楽だし、売るときに困ることもないと思います。もちろん一銘柄100万円ならいっぺんに買わずに何日かに分けて少しずつ買ったほうがいいかもしれませんが。それは売り板次第です（新NISAでは毎年の枠があるのでそれにはお気を付けください）。

　ファンダメンタル分析についていえば、確かに個人投資家よりも我々のような機関投資家にまだ若干優位性はあるのかもしれません。しかし、機関投資家は一銘柄1億円とか買いますからマーケットインパクトが非常に大きくなります。我々も小型株に集中投資を行うので、1銘柄の投資金額が10億円というのはざらで

す。買いと売りの際のマーケットインパクトの大きさを考える
と、**割安小型株投資では個人投資家のほうが有利なのではないで
しょうか?**

株式投資に「才能」などない

　初心者の方に申し上げますが、最初は銘柄を上手に選べず満足
のいくリターンが得られない人もいるでしょう。そればかりか、
損失を出すこともあるかもしれません(最も上記のような戦略だ
とめったに損はしないのですが)。でも、それでいいのです。人
間を3種類に分けてみましょう。

　1. 自分の犯した間違いから学ぶ人
　2. 他人の間違いを他人事だと思わず自分事として学ぶ人
　3. 自分の間違いから学ばない人

　ギャンブル依存症の人とかは3.なのでしょうねえ。2.の人は理
想的なのですがほとんどいません。私を含めてほとんどの人は、
自分で失敗しないとわからないものなのです。
　ここで重要なポイントが2つあります。まず初心者の方は、例
えば400万円の余裕資金がある人は、「200万円」で先ほどのよう
にやってみることです。まだ仕事をしていて他の収入がある人だ
ったら300万円を使ってもいいかもしれません(繰り返しますが
新NISAの年間の枠には気を付けてください)。**「手持ちの金を全
額株式につぎ込まない」**ことが重要です。万が一の株式市場の暴
落の際に、株を買うお金が少しは残っているようにしないと。

二つ目は**「最初の銘柄選びの際に真剣に考える」**ということです。真剣に考えたアイデアだと「あれだけ自信があったのに何でダメだったんだろう？」と後で考えるからです。それが「学ぶ」ということです。最初の銘柄選びが適当では失敗してもほとんど学べません。だから失敗を恐れないでください。学び続けていけばだんだん「勘」もついてきて銘柄選びも上手になっていくでしょう。

　10銘柄と申し上げましたが別に7銘柄でもかまいません。ただ、1銘柄や2銘柄だと儲かる感覚がわからないのですよ。2銘柄とも儲かってしまうと「俺は株の才能があるかも」なんて思うかもしれないですからねえ。これはとっても危険なことです。**株式投資に「才能」とかありませんから。**10銘柄あれば儲かる銘柄もあれば儲からない銘柄も出てくるはずなので、相場の感覚が磨かれやすいと思います。

　いいですか、もう一度言いますが「株式投資の才能」なんてありません。あるのは「自分の失敗からどれだけ学んだか」だけです。

「成長株投資」と「バリュー投資」の違い

　ここからは投資哲学に従って、いくつかの投資手法を説明してみます。

　1. 成長株投資 vs. バリュー投資
　2. トレンドフォロワー vs. コントラリアン
　3. トップダウン vs. ボトムアップ

まずは「成長株投資 vs. バリュー投資」について見ていきましょう。

「成長株投資」とは、利益あるいは売上が勢い良く伸びている会社に投資することです。そういった会社は通常PERは高いことが多いですね。30倍、40倍とか。赤字の会社でも売上高が大きく伸びていれば成長株投資です。

「バリュー投資」というのは、いろいろあるvaluationの中の一つや二つの指標で見て割安な株に投資することです。一般的には低PER、低PBR銘柄への投資、つまり現状では低成長だと思われている会社への投資です。

「あんたらは割安小型成長株に投資するんだろ？　だったら成長株投資かバリュー投資どっちなんだよ？」と思われるかもしれません。

答えはバリュー投資です。大雑把に言って、我々が相手にする割安株のユニバース（投資対象）は1000社ほど。その中に50社成長株があるというイメージです。だから買った時点では、ポートフォリオを見るとほとんどがバリュー株です。そもそも最初に銘柄を選ぶ際に割安株のリストから選ぶわけですから、やはりバリュー投資なんだろうと思います。

我々は人気になって株価が高騰している株は絶対に買わないし、みんなが認めるキーエンスのような超優良株も今まで一度も買ったことがありません（空売ったこともありません）。キーエンスはずっと前から評価の高い会社で、過去一度もPERが低くなったことがありません。そういう株には我々は手が出ないので

す。

　おわかりだと思いますが、ここに書いているのは「我々の投資方法」なのであって、他にも株式投資のやり方はいっぱいあるということです。

マザーズ（グロース）は「最悪の市場」

　これまで店頭登録株をイメージした小型株のバリュー投資、成長株投資の話をしてきました。今ではスタンダード銘柄ですね。それとプライム市場でも機関投資家に相手にされていない中小型株が我々のターゲットとするバリュー投資のユニバースとなります。その中から成長株を見つけていくのです。

　それではマザーズ市場、今でいうグロース市場はどうなのでしょうか？　マザーズ市場は1999年11月の設立以来、一度も割安になったことはありません。**中身が冴えない割には高PER銘柄が多く、最悪の市場です。**赤字のバイオ株など、見る価値のない株が多すぎます。

　中には成功してもまだマザーズ市場にとどまっている会社もありますが、残念ながらそういう会社はIPO時（上場した時）からすでに成長株として高い評価を得ているので割安株投資の我々には手が出ませんでした。マザーズ市場にどれだけの成長株があるのかちゃんと調査したわけではありませんが、割安な株が少ないのは確かだと思います。

　マザーズ市場のほとんどの会社は国内の客を相手にします。しかし、国内は人口減で将来が暗く、どこかの時点で海外に飛躍しないと成長は継続しません。一方、マザーズ市場に多いサービス

系の会社で海外展開できる会社なんてほとんどないと思います。だから、今は成長していてもすぐに成長が止まる会社が多いのではないでしょうか。

　小型株については、最初から減益がPERに織り込まれているようなスタンダード市場の低PER銘柄のほうが有望だと思います。「グロース市場」って言うのはブラックユーモアですよ。もちろん成長株もあるでしょうが、数からいうと「成長するはずが成長できなかった会社」が圧倒的に多いと思います。しかもそれが「成長株であるかのように」高いPERになっていて。

　昔は我々もマザーズ市場の会社をフォローしていましたが、最近はほとんど見ていません。良い投資のアイデアが隠れている可能性はありますが、それをリサーチして見つけだすのは効率が悪いのではないかと思っています。

バリュー投資家の"あるべき姿"とは？

　バリュー投資というのは会社の持っている資産価値に対し、時価総額が低い会社に投資することだとも定義できます。あるいは、「固定資産の価値が正しく査定されていれば、簡易的にPBRの低い株に投資する」と言い換えてもいいでしょう。

　株価が安い理由は、通常「企業収益が伸びていかない」と思われているからです。本来は2000円の価値のある株が1000円で取引されているから2倍になるポテンシャルがあるということです。

　ただし、放っておいたら何年たっても1000円のままかもしれません。2年で2000円になれば年41％のリターンですが、5年

かかれば年15％のリターンです。

　PERが低い割安株への投資の場合は、前にも説明した通り現金がどんどん積み上がってきますから、ネットキャッシュで見た時の割安さはどんどん増幅してきます。その分、後で大きく値上がりするポテンシャルも増してくるのです。

　一方で、PBRが低い割安株への投資では、今後もPBRが低いままで推移して株価は上がらないかもしれません（先に説明したバリュートラップ）。

　そのような場合、投資家が会社側に「固定資産を売却し、配当を増やすよう」圧力をかけ、それが実現できれば株価は上昇するかもしれません。

　企業の価値を株価に反映させるように経営陣に圧力をかけていく投資家のことを「アクティビスト」と言いますが、低PBR銘柄に狙いを定めたバリュー投資はアクティビストこそやるべき投資方法だと言えます。

　我々は投資先の会社に圧力をかけることはあまりやらなかったのでバリュー投資家としては中途半端だったと思います。だから低PBR銘柄に的を絞ったバリュー投資はやってきませんでした。

　我々のようにPERと「ネットキャッシュ比率」に頼るのは楽なのですが、それでは資産価値を正しく査定し、割安株を発掘する本格的なバリュー投資家と言えないでしょう。私は「究極のバリュー投資家はアクティビストである必要がある」と思います。

　今、日本の株式市場は世界中のアクティビストから注目されて

います。割安株が多いのが一番の理由ですが、昨今のガバナンス強化の流れを受け、企業は株主のまっとうな意見を無視することができなくなりつつあります。

　1980年代の日本の株式市場では、株主は無視され、会社側は基本何もしませんでしたが今は違います。考えてみれば1980年代とかガバナンスがなかった時代には「会社や会社の生み出す利益」が誰のものかわからなかったのですよ。配当だけは株主のものですが配当性向も低かったですから。だからPERとかPBRとか言ってみても何の意味もなかったってことです。

　今、ガバナンスが昔とは正反対になってきて、増配や自社株買いをする会社数が飛躍的に増えてきました。それでようやく「会社って株主のものなんだ」と実感できるようになったのです。

　ガバナンスの改善とアクティビストの活躍で、日本株市場では「バリュー投資」が「成長株投資」に比べて相対的な優位度が高まっていると私は思います。成長株の数が最近になって増えてきたとも思えませんからこの流れはしばらく変わらないでしょう。

「トレンドフォロワー」と「コントラリアン」

　トレンドフォロワーとは、「上昇相場についていく」「相場が下がり始めたら売る」というイメージですかねえ。**コントラリアン**というのは日本語では「逆張り」です。「相場が暴落した時に買う」「人気のない割安株を底値で買い集める」あるいは逆に「株価がピークの時に空売ろうとする」イメージです。

　我々は、間違いなく頭のてっぺんから足の先までガチガチのコントラリアンです。**「コントラリアン」の特徴の一つは「株を買**

うと最初は決まって損をする」ということです。小型株の場合は浮動株がなくなるまで買い続ければ表面上は損をしませんが、大型株はそうはいきません。コントラリアンは底値近辺で株を買います。でも買った値段が正確に底値である確率はとても低く、従って株を買った後さらに株価が下がる可能性は高いのです。

　しかし長期的に見れば、「底値」で買おうが「底値近辺」で買おうがあまり違いはありません。３年後に3000円になる株を1000円で買おうが1050円で買おうがあまり違いはありません。

　個人投資家の方でこういうコントラリアン的な底値拾いをしようと考えておられる方に申し上げたいことが２つあります。

1. 買った後、株価が下がってもくよくよしない。当たり前のことが起こっただけです
2. 株価が２割とか３割とか上がったぐらいでは売らないでください

「ボトムアップアプローチ」と「トップダウンアプローチ」

　ボトムアップアプローチというのは一社一社、資産価値や業績の伸び率をリサーチしていくやり方です。バリュー投資の場合、大体がボトムアップアプローチだと思います。もちろん一社一社調べて成長株を探す場合は「成長株投資」にもなりますが。

　小型株はそれぞれの会社の違いが顕著ですから一社一社見ていかないと。それにオーナー経営者も皆さん癖があるし、同じ業界でも成長したりしなかったりするのです。

　何回も言いますが、成長の源泉はオーナー社長のガッツと能力

ですから。社長に会って話を聞くのが一番手っ取り早いですよ。個人投資家の方は「それはできない」ってことになるでしょうが会社のホームページでかなりのことはわかります。社長の言葉も載っていますし、中期経営計画などを見ればある程度はやる気もわかります（一般論として、計画に具体性があるほど真剣、具体性がなければやる気なし）。また、SNSで情報発信をされている社長もいるかもしれません。

　皆さんがよく知っていて大勢のアナリストがフォローしている大型株だと、会社を訪問してIR担当と面談してもほとんど有益な情報は得られません。ソニーやトヨタを1年かけてリサーチしても結局何の役にも立たないと思います。**ボトムアップアプローチを取る限り、大型株より小型株のリサーチをするほうが圧倒的に有益です。**

　この反対が**トップダウンアプローチ**です。マクロ指標、例えば「金利」が上がると判断した時、それで恩恵を受ける会社を探して（通常）複数の株に投資をするのです。買う銘柄を決める際には、その株が割安かどうかはあまり関係ありません。この場合だと「金利上昇でどのぐらい恩恵を受けるのか」が重要なのです。大事なのはexposure（会社の売上や利益がそのテーマにどれだけ関連しているか）です。

　株式市場で人気となるテーマをいち早く当てて儲けるというアプローチも「トップダウン」です。こういう運用って、早さが勝負ですよね。ちんたら一銘柄ずつリサーチしていたら相場が終わって、また別のテーマが人気になりますから。早めに素早く買っ

て、そのテーマが最ももてはやされる時に売らなければいけません。

例えば、「半導体」がテーマなら、「ルネサスエレクトロニクス（6723）」や「ソシオネクスト（6526）」はexposure 100％です。売上の100％が半導体だからです。株式市場の言い回しだと「Pure Play（テーマになっている事業に専念する会社）」です。

でも、半導体材料メーカーだといろんなビジネスをやっていることが多くなります。その場合、「この会社の売上の何％が半導体がらみのビジネスなんだろう？」と考えることになるわけです。それが30％ならexposureが30％ってことです。いち早くexposureの高い銘柄を買い集めてしまうのがコツです。

我々はそれが苦手なんですよ。どうしても割安株にこだわる癖があって「同じexposureなら割安株のほうに投資すべきじゃないか」とかよけいなことを考えてしまいます。

トップダウンアプローチを行う投資家の論理はこうです。同じexposureの株があって一方はPER20倍、もう一方は30倍。「でも、それはちゃんとした理由があって違うPERで評価されているはずだ。だってPERなんて誰にでもわかることじゃないか。誰にでもわかることは株価にはすでに織り込まれているはずだ。だから気にすることはない。株価に織り込まれていないのは半導体が次のテーマになるということだ」。

なるほど、もっともな議論です。トップダウンでも十分に金儲けができそうですね。ただ、我々はテーマ探しが下手っていうだけで。

日本で何かがテーマになると、決まって出てくるテーマ型投資信託はどうでしょうか？

これは最悪です。「テーマが流行するまでに仕込んでテーマの絶頂期で売る」のではなく、絶頂期で投資信託をローンチし、すっ天井の株価でテーマ株を買いに行くのですから。

今だとテーマは「AI」ですかねえ。我々もマクロ経済について考えることはありますし、テーマについても関心はあります。でも、どちらかと言うとテーマ型の投資信託のローンチに合わせて「空売り」の候補を探す時です。

ボトムアップアプローチは「一社一社丹念にリサーチする」と言うと聞こえはいいですが、問題もあるのですよ。

それは、すごく立派な会社にはなかなか投資できないということです。自分の頭でちゃんと理解しないと投資できないので、例えば経営者の頭が良すぎると手も足も出ません。

ソフトバンクの孫正義氏がいい例ですねえ。頭のレベルが違いすぎて何を考えていらっしゃるのかまったくわかりません。日本株ではありませんが、テスラのイーロン・マスクさんなんかもそうですよ。私が仮に米国人であったとしても絶対にテスラの株は買ってなかったと思います。

かといって、自分よりだいぶ頭が悪いと思う社長さんの会社もこれまた買う気がしないのですよねえ（当たり前ですが、バカな社長の会社の株なんか買いたくありません）。

すると、こういうことになるのです。投資する会社の社長のレベルが自分と似通ってくるのですよ。これは小型株の話ですよ。

大型株は関係ありません。

　私のレベルを100とすると、大体は投資している小型株の社長のレベルは70から130ぐらいの間に収まっているのではないでしょうか。自分が理解できる社長は、やはり自分と似た人になりがちなのです。

　ある時、私はファンドのロングポジションのリストを眺めている時、こんな気持ちになったことがあります。
「まるで自分の顔を鏡で見てるようだ」
　従って、ボトムアップアプローチでの銘柄選好にはどうしても「自分に似ている」という強いバイアスがかかってしまいます。

ボトムアップアプローチ信者

　私がなぜボトムアップアプローチの強烈な信奉者なのかを考えてみました。

　私は昔から「自分の目で確認しないと納得がいかない」性格でした。いつ頃からそうだったのでしょうかねえ。昔を思い出してみることにしました。

　私の父はとても勉強好きでしたが「中学卒」です。長い話になりますが、私の祖父は友達に誘われ、まだ小さかった子ども（父）を日本に置いたまま祖母（妻）とともに満州にわたり、コンペイトウ工場の支配人として働いていました。

　しかし終戦になると、ソ連軍が満州を占領します。関東軍の幹部とソ連軍の間で「民間人を労働力として差し出せばお前らには

手出ししない」という約束が交わされ、祖父をはじめ民間人の男は突然軍隊に編入されます。ジュネーブ条約で民間人は徴用できないことになっていたので、ソ連へ労働力として提供するために軍人にさせられたのです。

　ヤバいと思って逃げた民間人もいたようですが、祖父は関東軍の命令に従って軍隊に編入され、捕虜となってシベリア送りとなります。

　祖母は祖父を残して引き上げ船で日本に帰ってきました。私はおばあちゃんっ子だったので小さい頃から満州の話をよく聞きました。「ソ連軍の戦車は家と同じぐらい大きかった」「かかりつけの近所のお医者さんがソ連兵に射殺された」「ソ連兵に乱暴されないように若い女性は全員坊主刈りにして男の服装をしていた」とか。

　私は祖母の涙を見たことはありません。でも、引き上げ船が舞鶴に近づき港が見えた時、祖母は涙が出て止まらなかったそうです。夫がソ連軍に連れていかれた無念さなのか、生きて帰って再び子どもに会える嬉しさなのか、たぶんすべての思いがいっぺんにあふれ出てきたのでは。子ども心ながら、祖母の気持ちを真剣に考えたことを思い出します。

　祖父はシベリアの炭鉱で働かされました。ある時、ソ連兵にシャベルで顔を殴られ、歯が折れて支給される固い黒いパンが食べられなくなったそうです。栄養失調になって体が弱り、他の病気にも悩まされましたが、農家の女性が柔らかいパンと黒いパンを

交換してくれ、何とか命はつないで何年か後に日本に帰ってきました。しかし、すでに病状は重篤で、その2ヵ月後、日本の病院で祖母に看取られて亡くなりました。

　祖母はソ連をとても怖がっていました。しかし、憎んではいませんでした。むしろ夫が生きて日本に帰ってきたことを感謝しているようでした。農家の女性の行為が憎しみの連鎖を止めたのかもしれません。

　一家の稼ぎ頭を失い、父は進学をあきらめざるを得なくなり国鉄に就職しました。勉強が大好きな父親でした。英語も独学で学んで、洋書をよく読んでいましたからねえ。

　父は外では一滴もお酒を飲みませんでした。私には兄がいて二人兄弟なのですが、二人を何とか大学に入れようと節約してお金を貯めたのです。それが父の人生の目的でした。あんなに勉強が好きだった父親ですから、進学できなかったことがよほど悔しかったのでしょうね。

　私は父に怒られたことはありません。父は言葉数の少ない人で、小さい頃はよく祖母が父の気持ちを代弁してくれました。私は小学校1、2年生のころは落ち着きがなく、人の話を黙って聞けない性格で成績は最悪でした。5段階評価で算数と理科が5で後は全部2でした。それに対し、祖母は私に言いました。

「お父さんは算数と理科の成績がよかったことをすごく喜んでいる」

　私はそんな父親が大好きでした。息子二人に自分の夢を託して

頑張って働いている父親を尊敬していました。皆さんも小学校低学年のお子さんがいて、ひどい成績表を持って帰ってきても、良いところを探して褒めてあげてくださいね。褒められてうれしかったことはずーーっと忘れないものですよ。私はこの年でも覚えているのですから。

　でも、小学校何年生の時かなあ。ショックなことが起きます。
　私はある教師に「君が尊敬しているのは誰だ？」と聞かれて「父です」と答えました。すると、その教師は笑い出して「もっと誰かほかにいないの？　歴史上の人物とかさあ」と言ったのです。私は悔しくて涙が出ました。大好きな父親をばかにされたような気がして。
　その時からこう思うことにしました。「何が正しいかは自分の目で確かめて自分で決める。教師の言うことが正しいかどうかも自分が判断する。他人の言ったことを安易に信じない」と。
　だいたい、歴史上の人物なんてどんなやつだったのか本当にわかるんですか？　会ったこともないのに。事実が歪曲されているかもしれないですしねえ。「会ったこともないやつを尊敬する」なんてずいぶんいい加減だなあって私は思いますけど。「坂本龍馬を尊敬している」とか一体何なんですかねえ。私には意味不明です。

株式投資と確率論
　さて、投資の話に戻りましょう。株式投資には不確実性が伴います。確実に儲かる投資などありません。儲かる確率を上げてい

くしかないのです。

　だからといって、難しい確率の勉強など株式投資には不要です。個人投資家が株式投資で儲けるために確率論の勉強をするなど時間の無駄です。理科系の方で趣味で勉強するならともかく、自分が興味を持った会社のホームページを眺めているほうがよっぽどマシだと思います。

　一方で、確率が身近に感じられればプラスにはなるでしょう。確率的に物事を考えることによって、ある程度自分のバイアスを排除できるのではないかと思います。その他大勢のバイアスを見抜けばお金儲けができるかもしれません。それに、自分に大きなバイアスがかかっていると自分がカモになりかねませんからね。

　とはいえ、そこまでたいそうな確率の知識は不要です。例えば、ある工場で製品をつくる工程が7つあるとしましょう。各工程で不良が出る可能性を10％とし、一ヵ所でも不良があれば出来上がった製品は「不良品」とします。各工程が完全に独立しているとすれば（つまり、ある工程で不良品が出ても次の工程で不良が出る確率に影響を与えないなら）、最終製品が不良品である確率は52.2％となります。$100\% - (100\% - 10\%)^7 = 52.2\%$。この程度の確率の知識で十分だと思います。

　我々は十分なリサーチをして正しい確率を上げてから投資をすべきなのでしょうか？　必ずしもそうではありません。リサーチの過程で株価が上がってしまったのでは失敗です。

　では大雑把に7割方いけると思ったら買うべきなのでしょうか？　それとも6割？

　それはチャンスの大きさによると思います。例えば、ロングの
アイデアで調査中の会社があった時、「7割方は行けそうだな。
でももうちょっと調べよう」という段階で株式相場が暴落してそ
の株も大きく下がったとしましょうか。下がった分、株価が上昇
するポテンシャルが大きくなったわけだから当然買うべきです。

　前にも書きましたが期待リターンが大きければ、その分リサー
チは大雑把でも許されるということです。十分なリサーチなんて
我々プロでも無理ですよ。そんなことをしていたらチャンスを逃
してばかりで運用になりません。

ベイジアン的発想

　我々はいくつかの銘柄に対して「この銘柄はロングにしたい。
ショートにしたい」というアイデアを常に持っています。そのア
イデアの確実性は日々の情報が加わることで変わっていきます。
世の中で確実なことは多くありません。私たちは「おそらくこう
だ」という漠然とした確率を前提に暮らしています。

　新たな事実が加わって事前の確率が変わった時、その後の確率
を「事後確率」と呼びます。このように**新しい事実を取り入れ
て、もともとの自分の考えを調整していくのが「ベイジアン的発
想」**です。

　このベイジアン的な発想プロセスの例を挙げてみたいと思いま
す。これらの例は、確率を本格的に勉強するための例ではありま
せん。新しい事実をどのように自分の判断に取り入れていくの
か、なんとなくイメージでわかっていただければそれで十分で
す。

【例1】サイコロ

第1章で出した「いかさまサイコロ」の例で考えてみましょう。100個のサイコロの中に1つだけ、いつも6が出るいかさまサイコロがあります。その他99個のサイコロは正常です。見た目だけでは区別がつかないとします。

さて、サイコロをランダムに1つ選びます。いかさまサイコロである確率は100分の1です。取り出したサイコロを振り、6が出たとしましょうか。このサイコロがいかさまのサイコロである確率は？

・正常なサイコロを選ぶ確率99％、しかも6の目が出る確率は

99％×1／6＝16.5％

・いかさまのサイコロを選ぶ確率1％、しかも6の目が出る確率は

1％×100％＝1％

上記のどちらかが実際に起きたわけです。どちらが起きた確率が高いのでしょうか？　この両方の確率を按分し、いかさまのサイコロである事後確率を計算すると、

事後確率＝1％×1／（99％／6＋1％×1）＝5.7％

となります。一度6が出たぐらいでは、正常なサイコロでたまたま6が出た確率のほうが圧倒的に高いのです。では、2回続けて6が出たらどうでしょう。

事後確率＝ 1％×1／（99％／6／6＋1％×1）＝ 26.7％

まだいかさまサイコロである確率は低いですね。

ちなみにこれは、採用試験の面接の質問にも使えますよ。「大雑把でいいから、いかさまサイコロである確率を答えてみてください」と伝え、70％などと答える人はアウトです。だって100個の中からたまたまいかさまサイコロを選ぶ確率は100分の1ですよ。それに対し、正常なサイコロを振って2回連続して6の出る可能性は36分の1です（正確には99％×36分の1）。どちらがより珍しいか（起きにくいか）ってことですよ。少なくとも50％以下の数字で答えてもらいたいですねえ。ちなみに、3回連続して6が出ると、いかさまサイコロである確率は68.6％となります。

　成長株投資にこのサイコロの話を当てはめてみましょうか。1000社の割安株ユニバースの中に50社成長株があるとします。「成長株」は毎年10％ずつ利益が成長します。「非成長株」の利益は2分の1の確率で10％増え、2分の1の可能性で10％減ります。これが、毎年サイコロを振るように繰り返されます。

　さて、2年連続で増益になった会社が成長株である確率はどれだけあるのでしょうか？　サイコロのケースと同じように計算するとたったの17.4％です。

　では、3年間10％増益が続いた会社はどうなのでしょうか？29.6％です。3年間も10％増益が続けば株価もかなり上がっているでしょう（3年連続で10％増益を達成して株価が上がらない

のはよほど魅力のない中小不動産会社ぐらいでしょう）。でも、それでも成長株である確率はまだ3分の1以下なのですよ。これってcounterintuitiveな感じがしませんか？

これをどう解釈するかは人それぞれだと思いますが、私の解釈はこうです。「業績が伸びていくのを確認してから投資をするのは馬鹿げている」。当然、非成長株を買ってしまうリスクを伴いますが、利益が伸びる前から利益が伸びると予想して（あるいは利益の伸びが人目につかない段階で）成長株に投資しないと期待リターンは低くなるということです。

勘違いしないでいただきたいのですが、これはベンチャービジネスのアーリーステージでの投資とはまったく概念が異なります。割安小型株というのは黒字が続いてお金持ちになった会社です。ベンチャーのアーリーステージとは真逆です。

だから、個人投資家の皆さんが割安小型株のユニバースの中から間違って非成長株を買っても損をする確率は低いのです。一銘柄100万円ぐらいの投資金額だとマーケットインパクトもほとんどないですしね。

【例2】交通事故

この事例は、あまりに有名なので皆さんもご存じかもしれません。そこでちょっと内容をつぎ足してみました。

ある街に2つのタクシー会社があります。A社のタクシーは黒色で80台保有、B社のタクシーは赤色で20台保有しています。この町ではこの100台のタクシー以外の自動車は走っていないと

しましょう。

　ある夜、交通事故が起きました。Ａ社とＢ社のどちらのタクシーが起こしたのかわかりません。何も他の情報がなければ確率的にはＡ社80％、Ｂ社20％です。これを事前確率とします。

　さて、「赤いタクシーが事故を起こすのを見た」という証言が出てきたとします。ただし、夜の目撃情報なので本当に赤いタクシーを見たのかどうかわかりません。実験の結果、この目撃者は「黒いタクシーを正しく黒という確率70％、黒を赤という確率30％」、「赤いタクシーを赤という確率70％、黒という確率30％」です。この証言をもとに事故を起こしたのがＢ社である確率を計算してみます。

・目撃者は黒いタクシーを見た。しかもそれを間違って赤だと言った

　80％ × 30％ ＝ 24％

・目撃者は赤いタクシーを見た。しかもそれを正しく赤だと言った

　20％ × 70％ ＝ 14％

　実際に起きたのはこの２つのうちのどちらかです。Ｂ社の赤色のタクシーが事故を起こした確率は、

　事後確率 ＝ 20％ × 70％ ／（20％ × 70％ ＋ 80％ × 30％）＝ 36.8％

　となり、証言にもかかわらず、赤いタクシーのＢ社が事故を起こした可能性は50％を上回りません。でも、事前確率の20％よりは高くなりました。

さらにもう一人、「赤のタクシーを見た」という目撃証言が出てきたらどうでしょう？　ベイジアンのプロセスのいいところは事後確率を事前確率に置き換えて連続していつまでも計算していけることです。計算すると57.6％となります。

　それでは、その後「黒のタクシーを見た」という3人目の目撃者が出てきたらどうなるでしょう。結論を言うと、2人目と3人目の証言がチャラになってB社である確率は1人目の目撃証言後の36.8％に戻ります。嘘だと思ったら計算してみてください。きれいに元に戻りますよ。

　4人目の目撃者がまた「黒」と言ったら、赤2人、黒2人で元の20％の確率に戻ります。証言の順番を変えても確率はまったく変わりません。インプットされる情報の順番が変わっても事後確率が変わらないというのはとても重要なポイントです。

　これってちょっとだけcounterintuitiveじゃないですかねえ。我々は3人の目撃者が連続して赤と言うと、4人目が黒だと言っても「それは見間違いだろう」と思ってしまいませんか？　情報がインプットされた順序に人間は左右されやすいということかもしれません。

【例3】診断薬

　診断には「感度（sensitivity）」と「特異度（specificity）」という概念があります。感度は本当の陽性者のうち何％を陽性と診断するか、特異度は本当の陰性者のうち何％を陰性と診断するかの確率です。

　ある診断薬の感度が90％、特異度が99％としましょうか。これは極めて優秀な診断薬で、ほとんど間違った診断をしないというレベルです。

　さて1億人のうち1万人が罹患している病気（罹患率0.01％）があるとしましょう。この診断で「陽性」と判断された人の罹患率を計算してみましょう。

図表7

	陽性と診断	陰性と診断
感度　90％	真陽性 9,000人	偽陰性 1,000人
特異度99％	偽陽性 999,900人	真陰性 98,990,100人

「真陽性」とは陽性を正しく陽性と判断した数です。「偽陽性」とは陰性なのに間違って陽性だと判断した数です。
　診断の結果、陽性と言われた人が「実際に罹患している確率」はこうなります。

　9,000／（999,900＋9,000）＝0.89％

　診断する前の事前確率での罹患率は0.01％なので、検査の結果、「あなたは平均的な人の89倍の確率で罹患しています」と言われると「なるほどそうですか」と思うでしょう。
　でも、「あなたがこの病気に罹患している確率は0.89％です」と言われたらどうですか？　1％も確率ないのに一体これからど

うしろと。

　こんなに正確な診断薬を使っても「陽性と診断された時の罹患している可能性が1％以下」なんてあまりにもcounterintuitiveだと感じませんか？

　このケースのように、罹患率の低い病気の場合、診断薬の特異度はかなり100％に近くないと意味がありません。コロナのPCR検査は感度が70％、特異度が99.9％だったので、とりあえず全員が検査する意味はあったということですね。

　でも30％も陽性者を見逃す診断ってどう思われますか？　見逃された人は普通に生活し、ウイルスをまき散らすわけです（特異度が99％と書いている人もいますが、それだと偽陽性が多すぎて全員検査は意味がなくなります。特異度が99％なら発熱した人や濃厚接触者などの母集団の罹患率の確率を高めてから検査しないと）。

　この事例の「陽性と診断する」を「成長株を見つける」に置き換えると投資の世界でも使える概念になります。確率的な計算というわけではありませんが、我々の割安小型株投資のイメージをこの形で説明してみましょう。

　割安小型株のユニバースが1000社あるとしましょう。その中に50社成長株が隠れています。100億円のファンドを運用するとして、何銘柄買ったらいいのでしょうか？

　我々のやり方は成長株だと思った小型株の大量買いです。当然マーケットインパクトも大きく、買うときも多少は買い上がりま

図表8

・2億円ずつ50銘柄購入のケース

真成長株	20	成長株見逃し	30
偽成長株	30	非成長株	920

・5000万円ずつ200銘柄購入のケース

真成長株	45	成長株見逃し	5
偽成長株	155	非成長株	795

すし、売るときも株価を押し下げます。

　100億円のファンドで2億円ずつ50銘柄買った場合と、5000万円ずつ200銘柄買った場合を比較してみましょう（あくまでも私のイメージです）。

　真成長株＋偽成長株が買った銘柄数です。偽成長株というのは成長株だと勘違いして買った非成長株のことです。50銘柄2億円のほうの感度は40％です。つまり成長株のうち成長株と正しく判断できた銘柄数はたったの20銘柄で30銘柄の成長株を見逃しました。

　この感度を上げようとして銘柄をいっぱい買うと（200銘柄）、たしかに感度は90％まで上がります。一方で特異度は97％から84％と大きく低下しました。成長株を逃すまいとすると特異度が下がり、非成長株をいっぱい買い込むことになるのです。

「成長株を一つ追加で見つけてきて買うために、何社の非成長株を間違って買わなければいけないか」といういわゆる「限界費

用」が、見つけた成長株が50社に近づくにつれ急速に上がります。

　では、この２つの投資方法でどっちが得なのかを私のイメージで説明します。成長株のリターンを50％、非成長株のリターンをゼロとします。２億円ずつ買うほうのマーケットインパクトは成長株で３％、偽成長株も３％とします。

　成長株の場合、後で機関投資家が買いますから売るときのマーケットインパクトはゼロになります。偽成長株だと出来高が少ないままなので売るときも買うときと同じ３％のマーケットインパクトになると仮定します。5000万円ずつ買うほうは買う時も売る時もマーケットインパクトなしと仮定します。

●50銘柄　2億円のケース

２億円 × 20 × （50％ − ３％） − （２億円 × 30 × ６％） = 15.2億円

●200銘柄　5000万円のケース

0.5億円 × 45 × 50％ = 11.25億円

　このように、50銘柄、２億円のほうがマーケットインパクトを仮定しても儲けは大きくなります。

　つまり、我々がプロの運用者へ推奨するやり方は**「もし成長株を見つけたと思ったら思いっきり買え」**ですね。成長株の数は多くないし、見逃しもいっぱいあるだろう。だから少ないチャンスを逃さず思いっきり勝負するってことです。

　我々はそうやってマーケットインパクトという大きな犠牲を払いながら運用してきました。個人投資家の方はよほど運用資産が大きくなければこのような悩みは不要です。割安株の中で10銘柄程度成長株っぽい銘柄を探し出して投資すればいいだけの話ですから。

【例4】銀行強盗

　ベイジアン的発想はすごく重要です。でも、教科書を読むとすごくつまらないし、ネットの検索で出てくる例もどれもこれも面白くありません。

　今まで書いた例も月並みすぎてはっきり言って面白くない。だから、確率論的には（数学的には）不完全であっても、もう少しマシな例を紹介してみましょう。

　さて、ある街で単独犯の銀行強盗がありました。犯人はA市かB市のどちらかに逃げ込みました。犯人の面は割れていてポスターも配布されています。

　かつてその犯人はA市に住んでいました。友人もいるでしょうから警察はA市に逃げ込んだに違いないと判断します。でも、万が一何かの事情でB市に逃げ込んだ可能性も捨てきれません。

　警察は犯人が隠れている事前確率を「A市90％、B市10％」と置きました。その上で、目撃者の証言をもとに、確率がどう変わっていくのかをベイジアン的に考えてみましょう。

　A市もB市も人口は1万人ですが、いわゆるよそ者は100人ずついるとしましょう。犯人がいるとするとこの100人の中に隠れ

ています。

　A市で「犯人を見た」という目撃証言が出ました。この目撃者Aさんの感度、つまり「犯人を見た時、正しく犯人だという確率」を50％とします。

　つまり実際に犯人を見ても半分の確率で犯人だと気づかずに見逃すということです。特異度、つまり「犯人ではない人を正しく犯人ではないという確率」を99.5％とします。つまり、この目撃者は0.5％の確率で犯人ではない人を犯人だと証言してしまう（見間違える）のです。また目撃者は犯人を見たと思ったら必ず警察に通報するとします。

　犯人が潜伏している事前確率はA市90％、B市10％です。また、犯人は仮にA市にいたとしても100人中の1人にすぎません。だから、たまたま見た人が犯人だという確率は100分の1です（としましょう）。しかも、犯人は90％の確率でしかA市にはいないので目撃者が犯人に出会った確率は0.9％です。逆に、犯人以外の人と出会った確率は99.1％です。すると確率はこうなります。

図表9

•「A市90％ B市10％の事前確率、A市で目撃者」

犯人に会った確率	0.9％		
犯人以外に会った確率	99.1％		
正しく犯人と証言	0.45％	犯人を見たが気付かず	0.45％
誤って犯人と証言	0.50％	正しく犯人ではないと判断	98.60％

　ここでは、目撃者が「犯人を見た」と言っているわけですから、実際に起きたことは「犯人を正しく犯人と証言（0.45％）」か「犯人じゃない人を犯人と証言（0.50％）」のどちらかです。確率を按分して計算すると、

　「犯人を正しく犯人と証言した確率」= 0.45 ／（0.45 ＋ 0.50）
　 ＝ 47.4％

となります。つまり目撃者Aさんの証言の確度は47.4％です。47.4％の確率で犯人はA市にいるのです。

　一方、間違った証言だった確率は100％ － 47.4％ ＝ 52.6％です。ただし、間違った証言だったからといって犯人がA市にいないとは限りません。間違った証言の場合もA市に潜伏している確率は事前確率と同じ90％です（本当はわずかばかり減りますが面倒なので事前確率の90％で計算します）。

　目撃証言が間違いだった場合は、90％の事前確率を割り振って、

　52.6％ × 0.9 ＝ 47.3％

がA市に犯人がいる確率となります。そして、それぞれの確率を足すと47.4％ ＋ 47.3％ ＝ 94.7％がこの証言によって導き出される犯人がA市に潜伏している確率です。

　この証言によって4.7％だけA市に潜伏している可能性が高まりました。なお、B市に潜伏している可能性は5.3％に減っています。

では、今度はA市ではなくB市で目撃者Bさんが現れた場合を考えましょう。感度、特異度は先ほどのAさんと同じとして計算します。

図表10

•「A市90％ B市10％の事前確率、B市で目撃者」

犯人に会った確率	0.1％		
犯人以外に会った確率	99.9％		
正しく犯人と証言	0.05％	犯人を見たが気付かず	0.05％
誤って犯人と証言	0.50％	正しく犯人ではないと判断	99.40％

先ほどと同様に計算すると0.05 ／（0.05 ＋ 0.5）。Bさんの目撃証言の確度はたったの9.1％しかありません。犯人を見たと言っても、その人が本当に犯人である確率は10分の1以下なのです。

では、こんな証言はたぶん嘘だろうということで無視すべきなのでしょうか？ 同じように計算してみるとB市に潜伏している可能性は18.2％と事前確率の10％を大きく上回ります。これはとてもcounterintuitiveですねえ。ほとんど嘘だろうという証言がこれほど大きく確率を変えるとは。

これだと確度が50％に近いAさんの目撃証言より、確度10％に満たないBさんの目撃証言のほうがより意味のある情報だということになりませんか？ もし事前にA市に捜査員9人、B市に1人派遣していたら、A市から1人をB市に移さないといけないかもしれません。

　B市で証言が出て、事後確率がA市81.8％、B市18.2％になった後で、今度はA市で目撃証言が出てきた場合にはどうなるでしょうか？　今度は事前確率をA市81.8％、B市18.2％として同様の計算をします。

　すると、事後確率は元のA市90％、B市10％に戻ります。これもかなりcounterintuitiveですよ。確度50％近いAさんの証言が確度10％に満たないBさんの証言とキャンセルアウトする（打ち消しあう）なんて！　まあそうなるように計算していると言えば身もふたもないのですが。

　では、B市でさらに目撃証言が出てきたらどうでしょう。当然B市である事後確率は上がります。B市での目撃情報が連続して続いていくとB市である確率はどんどん100％に近くなっていき、もう事前確率などどうでもよくなっていきます。これは事前確率がいかにいい加減であっても、追加で入ってくる情報によって正しい方向へ確率が修正されていくということを示しています。

　ここまで述べたベイジアン的なプロセスには盲点があります。**ある事象の事前確率をゼロや100％と置くと、事前確率を修正し続けていくというベイジアンのプロセスがまったくワークしない**のです。

　たとえば交通事故のケースで、もともと町に黒色のタクシーしかなかったとき、いくら目撃者が「赤色のタクシーだった」と主張しても、それは黒を赤と見間違えただけだと判断されるでしょ

う。

　でも、もしかすると赤のタクシーを走らせている「会社」がないだけの話かもしれません。登録してない「個人所有」の赤いタクシーがあるかもしれませんよ。もし１％でも赤のタクシーがあり、次々と「赤のタクシーだった」という証言が出てくれば、そのうち「５割以上の確率で事故を起こしたのは赤のタクシーだった」ということになるでしょう。

　有益な情報を生かすためには「絶対こうだ」「絶対的な自信がある」という場合でも、それは「100％」の自信ではなく「95％」自信があるとかにしなければ。そうでないとベイジアンのプロセスが始動せず、後で出てくる有益な情報を全部否定することになってしまいます。

　私は刑事ドラマが大好きです。最近はNetflixで見ることが圧倒的に多くなりましたね。

　日本の刑事ドラマでは、２時間ものだと殺人事件の容疑者が最初の30分で何人か現れます。アリバイがあったり殺されたりして、１時間たったころにはホンボシが１人に絞られます。

　でも、逮捕直前にそいつが何者かに殺され、捜査は振り出しに戻ります。すると刑事は言います。「もしかして俺たちとんでもない勘違いをしていたのかもしれないぞ」。この刑事は、別のシナリオの可能性もわずかながらあると思っていたから、頭の切り替えができたのです。

　先ほどの銀行強盗の例で、頑固な刑事が「犯人は絶対Ａ市に隠

れている。これは俺の長年の勘だ。確率は100％だ。間違いない」と主張し続けたらどうなるでしょうか。B市で目撃情報がどんどん出てきているのに「それは見間違いだろう」と言い続け、事前確率を変えようとしないことになります。

　しまいにB市で犯人が逮捕されたらどう言うのですかねえ。「そいつは犯人じゃない」とでも？　「犯人じゃないって根拠はあるんですか？」と部下に聞かれたら「だって本当の犯人はA市にいるからだよ」って答えるの？

　この頑固刑事は、2時間もの刑事ドラマで自分が100％ホンボシだと信じていた男が殺された時には何て言うのでしょうか？「これは他殺に見せかけた自殺だ」とでも？
「でも警部、背中から包丁で刺されていますよ」
「いかにもやつらしいトリックだな。やつの考えなんか100％お見通しだ。死んだ後も捜査を混乱させようって腹なんだろうが俺は騙されねえ」

　ほかの例でも考えてみましょう。詐欺的な新興宗教があったとします。洗脳されている人がいますが、まだ99％しか洗脳されていません。1％はまだ疑念を持っているとしましょう。

　メディアで批判的な報道が出るたびに、この人はこの1％の疑念を少しずつ拡大させていくことができるかもしれません。しかし100％完全に洗脳されてしまうと、「マスメディアの言っていることは全部嘘だ」ということになるでしょう。

　環境活動家の一部にも、そういう人はいるかもしれませんねえ。自分が聞きたくない事実や意見（たとえば、火星でも温暖化

が進んでいるとか）が出てくると「そんなの嘘だ！」とか「関係ない！」とムキになって怒り出す人とか。「関係ないっていう根拠は？」と聞くと、「人類が排出したCO_2で温暖化が起きていることはもう100％正しいって科学的に証明されているからだ」とでも言うのでしょう。

株式投資のように確率的に考えなければいけないゲームでは**「決めつけ」は禁物**です。決めつけたとたん、その後に出てくる有益な情報を見逃しやすくなってしまいます。

あなた以外の誰もが「この会社は絶対に成長しない」と思っていたとしましょう。一方、あなたは「５％ぐらい成長のチャンスがあるのでは？」と思っています。

すると、世間はこの会社に関する新たな情報には関心を向けません。でも、少しでもチャンスがあると感じているあなただけはその情報の重要さに気づき真剣に分析するかもしれません。そして、リサーチの結果、いい投資アイデアだということになれば大きなリターンにつながる可能性もあるでしょう。どんな小さな可能性でもゼロではないとすることで「その他大勢の見方とは違う見解」が生まれるのです。

先ほどの銀行強盗の目撃者の例では、意外な情報、たぶん嘘だろうと思われる情報がとても価値があることが示されました。**自分が聞きたくない情報や確度の低い不正確な情報が自分にとって重要だということは十分あり得るのです。**

株式投資の世界で、確率が数学的に定義できることなどほとんどありえません。株価の動きを数学的に処理して超過リターン

（アルファ）を上げようとする、いわゆる「クウォンツ運用」の試みは、全部ではないにしろおおむね失敗してきました。

　一見、我々のボトムアップアプローチに確率論は関係ないように見えます。基本的なスタンスは、社長に会ってどれだけガッツがあるのかを見極めることですから。でもそもそも会社を成長に導けるだけのガッツのある社長はどのぐらいの確率でいるのだろうか、という事前確立（ベースラインの確率）は持ち合わせていないと。客観的に確率を考える癖をつけないと簡単にバイアスの渦に巻き込まれてしまうことになります。

第4章

地獄の沙汰は
持株次第

25年間の軌跡

K1ファンドの運用スタイルの変遷

　本書の冒頭でも述べましたが、「K1ファンド」とは我々タワー投資顧問が運用する3つのファンドのうちの1つで、日本株のロング・ショート運用を行う旗艦ファンドです。我々は当初、「割安株ロングと割高株ショートを組み合わせて株式相場が上がっても下がっても儲かるマーケットニュートラルなファンド」としてマーケティングを行いました。相場が上がっても下がっても儲かるというのはお客の受けがいいのです。

　ファンドのスタート時は、割安な小型株がたくさんありました。一方で、外国人投資家や日本の機関投資家に人気の大型株は割高でした。そのため、「小型株ロング・大型株ショート」というマーケットニュートラルっぽい運用になりました。簡単に言うと日本の投資信託と真逆のことをやろうとしたのです。彼らが忌み嫌う小型株をロングし、投資信託の代表銘柄をショートするということです。ショートはロングに比べリスクが高いことは承知していたので、イメージで言うとNAV（ファンドの純資産）に対し、ロング90％・ショート70％ぐらいでしたかねえ。

　最初の1年間はそれでとてもうまくいきました。でも、その後の結果は悲惨でした。大型株と小型株の動きは短期的には連動せず「相場が上がっても下がっても儲かる」どころの話ではありません。「相場が上がっても下がっても損をする」という局面がしょっちゅうで「マーケットニュートラルって何のこと？」というありさまでした。

　特にひどかったのが相場の反転時です。反転時には株価指数先物、特に日経225の先物が買われることが多くなります。だか

ら、指数採用の大型株から上がっていき、通常、小型株は大きく出遅れますし、しばらくまったく上がらないことさえあります。そのため、相場の反転時にはいつも大きなロスを出していました。

　後で詳しく説明しますが、ショートで何回か大損した後、ショートをいつでも維持するという戦略は放棄しました。そもそもK1ファンドは、割安株の中からロング銘柄をピックアップします。だから、ヘッジなど必要ないのです。我々は「相場がボトムに近いと思ったらショートをゼロにする」という方法に切り替えました。

　ショートはリスクが大きいのでNAVの70％というのは大きすぎます。ファンドの運用期間の25年間でなんとなくロング・ショート運用（それもかなりいい加減なロング・ショート運用でしたが）をしていたのは最初の10年間ぐらいです。その後は「たまにショートもするヘッジファンド」になっていました。

　運用のスタイルが当初と変わってしまうのは「スタイルドリフト（運用のスタイルがブレる）」と言われ、一般的にはよくないことだとされています。でも、試行錯誤の上、我々がたどり着いた結論がこれです。私は「たまにショートするヘッジファンド」こそが、現時点では日本株のヘッジファンドの理想の姿だと思っています。ただし、相場のレベルや企業のファンダメンタル、株式市場を取り巻くフレームワークが大きく変わってくれば理想の姿もそれに応じて変わっていくのでしょう。

ファンドのパフォーマンス

　我々の旗艦ファンドであるK1ファンドの歴史は25年です。あまりにも長いので、いくつかの期間に区切ってパフォーマンスを説明します。運用スタイルは変わっても、ここまでに説明した運用哲学自体はまったくと言っていいほど変わっていません。これまで抽象的に説明してきた運用哲学が、実践でどのように効果を発揮したか、あるいは悲劇をもたらしたかを具体的に包み隠さず述べていきたいと思います。

図表11：K1ファンドのパフォーマンス（単位：億円）

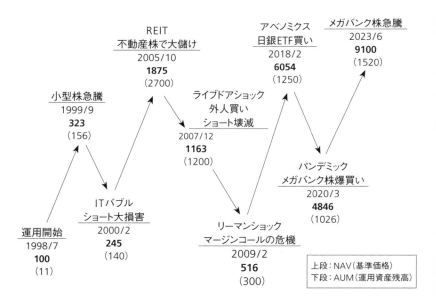

「25年も運用やってきてたったこれだけか？」と思われるかも

しれませんが、我々はロングもショートも強烈にいっぱいトレードしているので、すべてのトレードについて説明するわけにもいきません。ここでは大きな流れを紹介し、ハイライトすべきトレードについては後の章で詳しく紹介します。

1998年7月—1999年9月
「パーティーが始まったら我々は帰ろう」

　さて、1998年7月にファンドの運用が始まる直前、私は仙台に外交に行き、そのまま夜行電車で札幌に向かいました。行き先は家具屋の「ニトリ」です。

　前年の1997年11月、北海道拓殖銀行が経営破綻。そのため、安定株主として北海道拓殖銀行が持っていた80万株のニトリ株はいずれ処分されることになります。北海道経済はどん底に落ち込み、この銀行がメインバンクだったニトリ株も紙屑のような値段で取引されていました（というより出来高はほとんどゼロでした）。札幌単独上場なので機関投資家で買うところはありません。売却は困難を極めることが予想されました。

　私は朝、札幌についてニトリに向かいIR担当者にインタビューしました。確かに北海道経済はドン底でニトリの既存店売上高もマイナスでしたが、関東に出店した3店舗はとても好調だったのです。

　家具業界はとても分散した市場です。小さな家具屋ばかりでシェアの高い会社はありません。当時、機関投資家に人気のあった大塚家具ですら市場シェアは5％もなかったぐらいでしたから。また、家具屋で製造小売りをやっているのはニトリだけで、ほか

の家具屋は卸から家具を買って店頭に並べているだけです。ニトリはインドネシアに自社工場を持っていましたし、中国ではメーカーの中に入り込んで家具製造の指導もしていました。私はニトリには競争力があり、市場の構造からしてシェア拡大のチャンスが大きいと思ったのです。

　すぐに北海道拓殖銀行が持っている株を買おうと思いました。すると、大半の売り先はもう決まっているが、残り20万株なら出せると。私はチャンスだと思って言いました。

「その20万株、全部ください」

　K1ファンドは6億円からスタートしました。K1ファンドでは、一銘柄でNAVの25％を超えてはいけない（短期的に超えるのはかまわないのですが）というファンドの規約があります。ニトリは株価750円ぐらいだったので20万株で1.5億円、ちょうど25％になります。偶然にしてはちょっと出来過ぎですよねえ。不思議な縁です。

　センチメントが一番悪い時（北海道経済がお先真っ暗な時）に買ったので、株価は1年後には3倍になり、2003年には6倍になりました（運用資産も急速に増えたのでファンドの規約である25％ルールに引っかかることなく持ち続けられました）。

　確か、2004年に10倍になってから全株売却したのだと思います。今まで持ち続けていたら100倍以上になっていましたが、2003年の時点でもう東証一部でしたし、すでに複数のアナリストがフォローする立派な機関投資家銘柄になっていましたから。

　我々の役割は機関投資家が見向きもしない隠れた割安小型成長株を見つけ出し、大量に投資することです（少なくともファンド

184

の出だしはそうでした）。ニトリについては、我々の役目は2003年にはもう終わっていたのです。私は部下にニトリ株の売却の指示を出しましたが、その時こう言いました。

「パーティーが始まったら我々は帰ろう」

似鳥昭雄社長とは、東京で一度だけ一対一でお会いしたことがあります。夕ご飯をオファーしたら「証券会社や投資家の接待は受けない」の一点張りで、「こちらから面談をお願いしているわけだから夕飯代ぐらい出させてくれ」と何回もお願いし、ようやく「1000円以内なら」という条件で承諾をいただきました。しょうがないからお泊りのホテルでスパゲティ食べましたかねえ。酒も飲まずに。

似鳥社長の言葉で印象に残っているのがこの言葉です。

「これだ、っていう優秀なやつ見つけたら、どこまでも追いかけて絶対にうちで働いてもらう。それが社長の仕事だ」

私はこの会社は伸び続けると確信しました。でも、似鳥社長は投資家に会うのが大嫌い。決算説明会も開いたことがない有様です。なぜ嫌いかと言えば、「業績が伸びてから株価がついてくればいいわけで期待とかで株価が上がってほしくない。期待で先に株価が上がると株価にあおられている感じになって気分が悪い」のだそうです。

でも、大株主の私としてはそれで納得するわけにはいきません。私は懇意にしているアナリストと相談して何とか決算説明会を開かせようと粘り強く説得しました。何とか開いてもらったのはいいのですが、正直な方なのでひやひやもんでしたねえ。「う

ちの会社は顧客のクレームが多く、クレームをいちいちここで紹介してたら切りがない。だから、めったにないお客様のお褒めの言葉だけをここで披露させていただきます」とか言うのですよ。そして最後には、「今度はいつ説明会を開いてもらえるんですか?」という投資家の質問に「これが最後です」と。これには面食らいましたねえ。

　運用を始めて数年間、ロングポジションは基本的に小型株でした。当時のセールス用資料を見るとこう書かれています。
「我々は、野村投資信託や大手機関投資家の真逆を行く」
　つまり、彼らの持っていない小型株を買い、彼らが持っている代表的な大型株を空売る戦略を忠実に実行していてそれなりにうまくいったのです。
　ニトリのほかには「マンダム」「エスケー化研」とかに投資しました。マンダムについては、私は大きな勘違いをしていました。高成長を達成すると思って買ったのです。男性用ケア用品は女性用と違って競合が少ない。時代的にも「男臭い不潔感が嫌われ、男性も清潔でイケメンが流行る」というムードに変わりつつありました。800円で買ったマンダム株は1年で2000円近くになり、売却しました。「成長株ではないなあ」と気づいたから早めに処分しました。
　何年か前、マンダムの役員の方がIR担当と一緒にタワー投資顧問にプレゼンに来られました。そのとき、ある役員の方がこう言っていました。
「マンダムのイメージってひと世代前のイメージが強すぎて今の

若者にはちょっとねえ。『ウーーム　マンダム！』なんて古すぎるでしょ？」

　懐かしいなあ。大昔に流行ったチャールズ・ブロンソンのCMですよ。私は驚きました。「声もムードもそっくり。上手すぎ！もしかしてこれって役員になるための条件なのでは」と思いましたねえ。

　エスケー化研は大阪の塗料の会社です。製販一気通貫の面白いビジネスモデルで昔から注目していました。社長さんは高齢でしたが、ガッツあふれる方で「わが社は永遠に成長する」と言っておられました。ネットキャッシュ豊富な強烈に割安な銘柄でした。800円台で買いましたが、1年後には2000円になっていました。

小型株投資は運用資金が少ないほうが有利

　K1ファンドのパフォーマンスが1年で3倍になった理由はニトリのパフォーマンスが良かったことだけではありません。ファンドのスタート時小型株が全体として底値に近かったこと、もう一つはニトリ以外の銘柄もパフォーマンスが良かったことです。極端に割安な株に投資するので、成長株でなくても2倍とかに簡単になりました。

　前の章の「ベイジアン的発想」のところで、100億円を小型株投資で運用する時、50銘柄それぞれ2億円ずつ投資する例を挙げましたが、ファンドの運用を始めて1年目あたりはまさにそういう感じの理想的な小型株投資だったのですよ。これが300億円の運用資産になると50銘柄では一銘柄当たり平均6億円となり

マーケットインパクトはとても大きくなります。そもそも6億円も買える小型株って多くないので小型株50銘柄だけでの運用は実質不可能です。というわけで運用資産が増えていくと中型株や大型株に投資するか、小型株だけなら投資する銘柄数を増やさなければいけませんが、前に書いた通り、投資する銘柄数を増やせば増やすほど「特異度」は下がってきます。つまり成長株でない銘柄を「成長株であると願って」いっぱい買い込むことになってしまうのです。私は日本の小型株だけで運用するなら適正規模は100億円ぐらいだと思います。K1ファンドは小型株ファンドではありませんが小型株を戦略の中核に据えてきました。従って運用開始から1年後にはすでにファンドのサイズ（AUM）は適正規模に達し、それ以降は適正な規模をはるかに上回る規模での運用をしていたことになります。

　基本、小型株ファンドのパフォーマンスはAUM（運用資産）が大きくなるにつれ悪化していきます。小型株運用というのはAUMのサイズ（運用資産の金額）が小さいことが重要なのです。つまりこの点については、小型株投資は個人投資家の方が機関投資家より圧倒的に有利です。ヘッジファンドを新たに始めるなら、AUMが小さいうちに小型株でパフォーマンスレコードを作っておくのがマーケティングを楽にする一番の方法です。

1999年9月─2000年2月
ITバブル──テック株ショートで大損害、「やけくそ」

「小型株買い・日本の大型投資信託の代表的組み入れ大型株ショート」がうまくいく理由は大型投資信託のパフォーマンスが悪い

ことが理由です。キャンペーンで募集をかけている時だけ資産が急激に膨らみ、自ら株価を押し上げるわけです。すると、営業マンは少しだけ利の乗った投資信託をすぐ解約させて別のファンドに乗り換えさせます。乗り換え時には3％の販売手数料がまた入ってくるからです。解約が続くと代表的組み入れ銘柄の株価はじりじり下がりだします。

　つまり、日本の大型投資信託は、最初に彼らが買う銘柄の株価が上がって「空売りの絶好のタイミングを提供してくれ」、しかもその後、解約で保有株を売り続けてくれ、株価が下がって空売りが儲かるのを手助けしてくれるのです。

　私は、これはヘッジファンドにとって最高の戦略だと思っていました。特にテーマ型の大型株投資信託は一番おいしい「カモ」だと。なぜなら「テーマ」は時とともに変わっていくので結局組み入れ銘柄は売られるからです。

　1999年後半になると米国発のITバブルとなります。私はこれをロング・ショート運用の絶好のチャンスとみなして、特にショートで大儲けしようと思いました。当時、大和の「デジタル情報通信革命ファンド」が大人気になってお金がどんどん集まってきていました。

　デジタル情報通信革命ファンドの設立は1999年9月で、295億円でスタートしたこの投資信託は同年11月には3700億円を突破し、モンスター級のファンドに急拡大しました。日本のIT株も米国のIT株につられて高騰。PERで200倍を超えるような信じられないバリュエーションの銘柄も出てきました。

「大手の投資信託にも金が大量に流れ込んできて上値をムチャ買

いしているし、ここが勝負だ！」と判断した私は、1999年11月に自信をもって引き金を引きます。リスクを避けるため慎重に売り上がり、ポジションを増やしていく「はず」でした。

「少し早く売り過ぎたかな？」と思っていると年明けの2000年2月、野村が「ノムラ日本株戦略ファンド」をローンチ。1兆円ファンドでした。大和が4000億円なら野村は1兆円ぐらい狙うわなあ」と気づきましたがもう後の祭りです。

さらに、日経225指数の構成銘柄の入れ替えが追い打ちをかけます。我々がショートしていた「アドバンテスト」などハイテク株が新しく組み入れられたのです。株価は速度を増して上がり出し、もうショートポジションの維持は不可能となりました。

特に、中心的なショート銘柄だったNTTデータ株は連日の高値。必死で買い戻しましたが、信じられないことに空売った株を買い戻しても買い戻した量より値上がりが大きく、金額で見てポジションが減らないのです。さすがにそれが数日続いた時は恐怖を覚えましたね。「このままK1ファンドは破綻するのか？」と。この時のことは今でもトラウマです。

その時、たまたまタワー投資顧問を訪問してきたインド人の投資家に「ITバブルはもうすぐピークを打つ。今は絶好のショートのチャンスだ！」と必死で訴えましたが、言われたのはただ一言「Are you desperate?（お前やけくそになっているの？）」。私は「ITバブルで失敗した愚か者」のレッテルを貼られてしまい、著しく評判を落としました。

私は必死で買い戻してショートポジションを減らし、生き残ろうとしました。一方で、ショートポジションをゼロにするつもり

は毛頭ありませんでした。無理のない形である程度は残そうと思っていたのです。なぜなら野村の戦略ファンドがITバブルの象徴であり、そこがピークになるのは明白だったからです。

　野村日本株戦略ファンドのローンチは2000年２月、K1ファンドのパフォーマンスのボトムも２月できれいに重なります。ローンチして１ヵ月後の３月には日本の株式相場はピークを打ち、ハイテク株を中心に暴落を始めます。相場の低迷はそこから2005年まで続き、ショートは利益を上げ続けました。

　この時の反省は「私はタイミングを愚かにも誤った。野村のことを考慮していなかった。あと３ヵ月ショートを待てば大儲けできたのに」でした。つまり、ITバブルでのショートで大きな損失を出しながらも、ショートの本当の怖さがまだ私は理解できていなかったのです。そのため、後にとんでもない惨事に見舞われることになります。

2000年2月―2005年10月
REIT、不動産投資顧問会社で大躍進

　残したIT企業株のショートで儲けはしましたが、バブルピーク近くでの買い戻しの実現損をチャラにするほどではありませんでした。この時期に儲かったのはREITを含む不動産株です。オフィスビルの大量供給問題、いわゆる「2003年問題」は2003年になると意識されなくなり、REITや不動産株ファンドは大躍進を始めます。

　我々はIPO（新規上場）してくる、信用力に劣るけれどその分利回りが高い中堅不動産会社がスポンサーのREITにも手を出し

ます。2005年に上場した「ジョイントREIT」も上場初日から積極的に買い集めました。REITの運用については第5章で詳しく解説します。

　また、REIT以外の割安不動産株にも投資しました。極めつきは、不動産投資顧問会社の「ケネディクス」と「ダヴィンチ・アドバイザーズ」です。この2社は、不動産価格が上昇に転じている際に、REITに販売する不動産を大量に仕込んでいました。だから、キャピタルゲインで業績は絶好調でした。しかし、利益の大半が不動産売却益なので長続きしない一過性の利益だとみなされ、IPOの後、しばらく株価は上がらなかったのです。高成長しているにもかかわらずPERは10倍程度で割高ではありませんでした。

　私も成長が長続きするとは思っていませんでしたが3年程度はいけると踏んでいました。そこで、我々はこの2銘柄の大株主になりました。ピークで発行済み株数の2割から3割を保有していたと思います。

　そしてその急成長ぶりから、ほどなく機関投資家が目を付け始め株価は急騰。PERも切り上がり、株価は買ってから3〜4倍程度になったので全株売却しました。この2銘柄でそれぞれ100億円程度、合計約200億円の利益になりました。

　この時期、我々が運用する3つのファンド合計でロングの実現益が1600億円に上りました。一方で、日本の株式市場はこの時期、底練り状態（株価が安値圏で上がったり下がったりを繰り返す状態）で冴えない動きが続いていました。そのため、K1ファ

ンドの好パフォーマンスは投資家の目を引き、年金基金が続々とファンドに流入してきます。2005年（2004年分の納税額）には私が最後の長者番付で1位となり「サラリーマン部長が長者番付1位」と報道されました。

　その結果、この時期にタワー投資顧問が営業マンをたくさん抱えていたこともあり、資金流入を止めることができず、急速にAUMが膨張しました。

　そこで、手あたり次第、成長株と思しき小型株を大量に購入しました。結果、成長株発掘の「特異度」が急速に低下していきました。

　ちなみに、長者番付1位になるといろんなことが起きます。埼玉県の元モデルとかいう背が高くスタイルがいい女性がアポなしでやってきて「5000万円持ってきた。預けたい」とか言うのですよ。大きなサングラスをかけていて顔はわかりませんでしたけど。会社の中に入れずに受付で断りました。

　また、M&Aの専門家という人が来て「あなたが大株主になっている株を買いたい人がいる。売る気はあるか？」と聞かれたこともありました。怪しいやつと関わりたくないので「あんた、M&Aで有名なら証券業界で知っている人がいるだろう。どこの証券会社でも構わないのでレファレンスのためにあなたのことが聞ける誰かを紹介してほしい。話はそれからだ」と言うと、「NECの関本忠弘さん」と言うんですよ。「その人もう亡くなってるじゃん」。詐欺師だったことが瞬時にわかりましたね。

2005年10月—2007年12月

小型株暴落、外国人買いでショート壊滅、「股裂き」で大損害

　2003年から外国人が日本株に強気になってきました。なんでも「日本は、失われた10年のトンネルから抜け出した」ということらしいのですが、特に日本株に強気になれる企業業績のファンダメンタルな変化は見当たりませんでした。だから私は、「どうせ気まぐれな外国人が3兆円ほど日本株買えば収まるだろう」と高をくくっていたのです。日本を訪問する外国人投資家も急に増え始め、当社にもいっぱい訪問客が来ました。でも、話を聞いても全然ピンときません。

「今の日本って、外国人が日本を無視していた3年前とどこが違うのかなあ？　こいつらアホじゃない？」と思いながら、割高になった大型株のショートを株価が上がるにつれて増やしていきました。

　そして株価は上がり続け、2005年に1万2000円前後だった日経225指数は2007年には1万8000円レベルに達します。結局、我々の目算は大きく外れ、外国人投資家は2003年から2007年までの5年間で日本株を36兆円買い越しました。我々は早くショートを増やしすぎたために、値上がりであっという間にショートがNAVの100％という危険水準に達してしまいます。

　このショート・NAV比率（運用資産に対する空売りの比率）というのは、「ショートが値上がりする」「ショートで損失が出てNAVが下がる」という両面から（分母と分子の両方から悪影響を受けるので）急速に上昇してきます。当時のロング・ショート比

率はロング120％、ショート100％と値上がりによってレバレッジが膨張して危険な状態だったのです。

　また、2006年1月にはライブドアの粉飾決算で堀江貴文氏が逮捕され、小型株が暴落。K1ファンドのロングポジションも被害を受けました。ロング・ショート共に損害を受ける（股裂き）という最悪の結果です。

　外国人投資家の買いによって株価がピークに近いことはわかっていましたからショートは維持したかったのですが、マージンコールを避けるために高値近辺でのショートの買い戻しを余儀なくされました（マージンコールとは、日本の信用取引でいう「追証」と同じです。株価の上下で証拠金が足りなくなるとプライムブローカーは追加の入金を要求してきます。それに応じることができなければ強制決済され、ファンドは破綻か破綻に近い状況に追い込まれます）。

　結局、2006年1月から2008年のリーマンショックまでに3ファンド合計で600億円の実現損失をショートで出してしまいました。この損失はあまりにも大きすぎ、その後戦略を変えてショートがうまくいくようになってからもこのロスを取り返すことはできませんでした。詳しい考察は第7章「ショート」の項目で行います。このようにK1ファンドはリーマンショックに突入する前にすでにかなり疲弊していたのです。

2007年12月─2009年2月
リーマンショックの地獄絵図、弱り目に祟り目
　我々はリーマンショックでとどめを刺されました。被害は甚

大。ケネディクス、ダヴィンチ、日本ビルファンド、ジャパンリアルエステイトなどはとうに売却済みでしたが、不動産セクターにはまだ割安な銘柄が多く、そういった銘柄に次から次へと投資してきたため、リーマンショック前でもロングポジションには不動産株が多かったのです。

　リーマンショックは金融危機です。金融がだめになると不動産セクターは壊滅的打撃を受けます。我々のファンドもそこが大打撃を受けました。我々が大株主になっている不動産関連株で３社倒産、１社ADR（裁判外紛争解決手続）、それぞれ発行済みの49％、35％、10％、20％を当ファンドで保有していたので、ADR以外は価値ゼロとなって大打撃。すごく大雑把に言うと、上場している中小の不動産会社で自己資本比率が15％以下の会社は倒産、15％—20％はADR、20％—30％はそのまま生き残り、30％以上はシェア拡大、というイメージでした。ウォーレン・バフェットさんの言葉に「潮が引いていくと誰がパンツをはいてないかがわかる」というのがありますが、この時は、「潮が引いていくと誰が死んでいるのかがわかる」でした。

　再び、我々にマージンコールの危機が迫っていました。今回の危機はITバブル時とは比較にならないほど深刻な危機でした。ヘッジファンドの運用というのはストレスの多い仕事です。この本にはいちいち書いていませんが失敗で精神がへこんだことは何十回とあります。そんな時の私の解決法は「必殺仕事人」のテーマソングを聞いて「よし！　次は負けないぞ！」ってことだったのですが、さすがにリーマンショック時はそんなもんを聞く気にもなれなかったですねえ。体重は３kg減りました。とにかくマージ

ンに余裕がなくなればファンドは簡単に破綻しますから、ロング・ショート共にポジションを減らすことだけを考えました。パフォーマンスのことなど考えている余裕はなく、とにかく現金化できるものは現金化するという状態でした。

　そこに追い打ちをかけるようにプライムブローカーであるGSがマージンを変更したいと言ってきたのです。大雑把に言えば、これまでは担保になっているロングポジションの株100に対して50のお金が借りられたのですが、それを30にしたいとのことでした。すぐにそうしてしまうと担保不足でファンドは破綻します。そうならないよう、時間的な猶予をもらい、数ヵ月かけて段階的に50を30にするということで合意します（GS自体、金融危機の中でファンディングコストの大幅高で窒息しそうな状態だったため自身のBSを縮小しなければなりません。ヘッジファンドにお金を貸している余裕などなかったのです。だからといってヘッジファンドから資金を引き揚げると優良顧客であるヘッジファンドがバタバタ倒れます。訴訟のリスクも考えたのでしょう。「無理のないスケジュールを作成し、段階的に顧客のレバレッジを下げさせる」という背に腹は代えられない状況下でのギリギリのプロらしい選択だったと思います）。

　これだけでもかなり危機的な状況なのですが、さらに怒濤の「解約」が追い打ちをかけます。病人がフラフラ歩いてたら車に連続3回ひかれたイメージです。2004年、2005年に大量に流入した年金基金を中心に、ファンドの顧客の解約が相次ぎ、我々は約半分の投資家を失いました。「Easy come, easy go（簡単に手に

入れたものは失いやすい)」ですよ。

　2005年10月のピークからボトムの2009年2月までNAVは72％、AUMは89％の下落となりました。とにかくポジションを減らすことが最優先です。ショートポジションの大型株はロスカット（空売った銘柄が値上がりして損失を被り、それ以上の被害を防ぐため買い戻してポジションを解消すること）で大部分すでに買い戻していたのですが、残りのポジションもすぐに買い戻してショートをほぼゼロにしました。

　小型株の多いロングポジションを一気に市場で投げれば暴落して自分の首を絞めます。そこで我々は、徹底的に自社株買いをお願いするという方法を取ります。最後には私の銀行預金の約30億円をファンドにぶち込みました。これで私のほぼ全財産がファンドに入ってしまいましたが、マネージャーの責任として当然のことです。この危機の中でも我々を信じて残ってくれる顧客がいるわけですから渾身の力でファンドを存続させなければなりません。

　この時、私はこの苦境をどう妻に伝えようか迷っていました。ほぼ全財産をファンドにつぎ込んだことを報告しないわけにはいきません。妻はリーマンショックで私が苦しんでいることはある程度理解していたのでしょうが、相場の底値で全財産をリスクに晒すことなど許してくれるのでしょうか？　今回の勝負で失敗すればファンドは破綻、もう私は金融業界では働けません。

　夕食の後、私は少しお酒を飲んで、妻に話すことを決心します。妻は台所で片づけをしていました。話しかけましたが妻はイヤホンで音楽を聴いていて聞こえないようでした。近づいて大き

な声で話しかけました。妻はイヤホンを外して私の話を聞いた後、こう言いました。「…………」（答えは本書の最後で伝えます）。

　我々が危機に落ちいった理由を整理してみるとこうなります。

1. リーマン危機前、すでにショートで大損してNAVが激減していた。結果としてロングポジションのNAVに対する比率も激増し、マージンに余裕がなくなっていた。
2. ファンドの投資家の半分が解約した。
3. プライムブローカーからマージンのルール改定（株の担保価値引き下げ）の申し出があった。
4. リーマンショックで小型株がさらに下がった。

　このころ私は夢を見ます。私は死んで地獄に落ちていました。閻魔大王の前に連れていかれて「お前何か言いたいことはあるか？」と聞かれます。私は「これが私のポートフォリオです」と言って保有銘柄リストを閻魔大王に差し出しました。すると、「お前の運用はロング・ショート運用なんだろう？　このリスト、ロングばっかりでショートがないじゃないか」と詰問されます。私は「まずいなあ」と思って下を向いて小さくうなずきました。閻魔大王はしばらく銘柄のリストを見ていました。そして私にこう告げます。「お前はまだ死ななくていい」。

　私はこのリーマンショックをロングだけ目いっぱい持って、ショートゼロで堪え切れば必ず大儲けできると思っていました。も

ちろん暴落前のレベルまで運用成績が戻るかどうかは自信がありませんでしたが。

　また、少々値上がりしても、ファンドで保有する小型株が極端に割安だったのでしばらくはショートでヘッジする必要などないとも思っていました。「ショートは当面考える必要なし。ロングに専心する」。このスタンスでリーマンショックを乗り切ろうとしたのです。だからリーマンショックのさなかで株価はまだ低迷したままの状態にあってもマージンコールを乗り切った時点でもう心は晴れやかでした。

　なぜそこまで自信があったのか。それは突発性の不況は必ずと言っていいほどその後Ｖ字回復となり、特に製造業は一時的に危機前を超えるほどの勢いになるからです。それに応じて強烈な上昇相場が始まることは明白でした。

　それを単純な例で説明します。平時で売上が年間200個ある商品について考えてみましょう。小売店や流通には１年分の在庫が200個あるとします。メーカーの生産数量も年200個です。リーマンショックで売上が半分の年100個になりました。すると、必要な在庫量も１年分の売上と同じく100個になるのでメーカーの生産量はゼロになります。

　次の年は、需要はまったく回復せず売上が100個のまま低迷し続けても生産量はゼロから100個に増えます。さらに次の年、需要がショック前の200個にまで回復するとそれに応じて在庫の必要量も200個に増え、「需要分200個＋在庫のリストッキング分100個」でメーカーの生産量は300個になります。これが突発性の不況入りとそこからの回復モデルです。

　相場の底値で年金基金の担当者に「今解約するのはバカみたいですよ。相場は反発し、ファンドのNAVは２倍にはなると思いますよ」と言って歩きましたが、実際には2018年２月までにNAVの底値から12倍になったんですねえ。何を買っても儲かる時代が到来するわけですが、我々は特になじみのあるREITに注目し、底値で買い集めました。

　普通、突発性の暴落というのは相場がすぐに急反発するので「買い」のチャンスは一瞬です。後で書きますが、コロナのパニック時も、買いの絶好のチャンスは2020年３月19日の14時から引けまでの１時間でした。

　例えば、場中に北朝鮮のミサイルが一発だけ間違って日本の陸地に落ちてきたとしても相場の下げは15分ぐらいでしょう。2011年の東日本大震災で原発事故が起きた時もあっという間に株価は戻りました。

　でも、リーマンショックの時だけはかなり長く相場が底練り状態にあったので結構底値でじっくりと買い集めることができました（マージンコールすれすれでよく買う金があったなあと思われるかもしれませんが、中小型REITをはじめ小型割安株が強烈に安かったので発行済み株数の10％を買う場合でもお金はさほど必要ありませんでした）。

　こうして我々はギリギリのところで助かり、その後大きなリターンを挙げました。その理由を整理してみると、

1. 年金基金の８割方が解約したが個人投資家の解約はとても少

なかった。タワー投資顧問は証券業のライセンスを持っていて営業は自前。この時、当社の社長、営業マンが個人客を訪問して「今解約するのはもったいない」と説得した（外部の証券会社経由でファンドを販売していたら、もっと壊滅的な解約を食らっていたでしょう）。

2. ファンドのロングポジションはネットキャッシュ比率の高い株が多く、「自社株買いの要請」に多数応じてもらえた。

3. 清原個人に借金はなく、当ファンド以外の資産は銀行の普通預金だけで、不動産投資など他に余計な投資はしていなかった。だから、危機に当たってその預金をファンドにほぼ全額つぎ込むことができた。

4. 相場の底値近辺で、ショートをゼロにしてポートフォリオを単純にした（ちょっとわかりにくいので第7章で説明します）。

　私はどん底の中で思い出しました。ジョージ・ソロスの言葉を。そしてこう思いました。「自分がすべきは残った顧客のためだけに最高のパフォーマンスを目指すことだ。新規の顧客の資金は高いパフォーマンスを目指すうえでは邪魔だ」と。ソロス氏の言いたかったこととは多分ニュアンスが違うと思いましたが、私はこう勝手に解釈しました。というわけで、それ以来、新規顧客の資金は一切受け付けていません。

2009年2月—2018年2月
アベノミクス相場、日銀ETF買いで大儲け

　我々がしがみついて放さなかった、そしてボトムで大量に追加購入した信用力のない中小型REITは信用力を回復して暴騰しました。他の小型株も順調に値上がりしました。実はこの時期「アベノミクス相場」という言葉が流行りましたが、私にはそれが何のことだかよくわからなかったし今でもわかりません。しかし、同時期の日銀のETF買いが相場に好影響を与えたのは間違いないでしょう。

　以下は2009年4月の月次の運用報告書です。この年の2月がK1ファンドのボトムであり、そこから33％回復した4月は一息ついた状態だったと思います。値上がりもあってREITへの投資はロング全体の43％も占めていました。

Tower K1 Fund　Monthly Report
2009年4月末のNAV　687.57（前月比＋13.6％）

　2009年4月末のNAVは3月末に比べ13.6％のプラスになりました。3月まで大量に日本株を売り越していた外人投資家も4月に入るとほぼ売りが止まりました。4月後半から出てきた決算は内容が悪かったものの、大方相場には織り込み済みで新たな悪材料とはなりませんでした。

　相場はむしろ景気の底打ちを期待して、景気敏感株を中心に続伸し、日経225指数、日経ジャスダック平均はそれぞれ8.9％、2.3％上昇しました。当ファンドのパフォーマン

スは、ロングポジションのREIT、その他小型株が全般に値上がりしたため指数を上回りました。当ファンドでは、一般に「信用リスクが高い」と言われている「日本コマーシャル（3229）」や「日本レジデンシャル（8962）」といったREITに「実際のリスクは格付け機関の判断や市場価格が織り込んでいるリスクより格段に低い」という我々独自の分析に基づいて投資してきました。上記二つのREITの運用会社の親会社である「パシフィックホールディングス」は実際倒産しましたが、我々はスポンサー企業の倒産はとてもポジティブであると考え、暴落したREITをさらに買い増しました。直近の株価の堅調な推移から判断してようやく市場もそれに気がつき始めたようです。実際、正式に新たなスポンサーが決まれば、利回りの高い、つまり信用リスクが高いと一般に思われているREITの株価は続伸すると考えられます。月末で、当ファンドのREITのロングポジションに占める比率は43％になっています。

　足元の業績をベースに今後2年程度の業績回復を予想しても、よほど楽観的にならなければ大方の大型株のバリュエーションはPERで見て割安になりません。業績が本格的に回復するまでに株価だけ反発しすぎると反落してしまうリスクが出てきます。我々は、外人投資家の本格的な日本株売りは3月までで終了したと判断しており、景気回復期待が少しでも出てくれば外人投資家が景気敏感な日本株を大きくアンダーウエイトし続けることは困難になると見ています。当面大型輸出株についての最も大きなリスクは為替レートぐらいに

なりそうです。従ってショートポジションについてはよほど
のアイデアがなければポジションを大きく増やすことは慎み
たいと考えています。割安な小型株については引き続き買い
続けていく予定です。

　この時期には大型株にも投資しましたが、それは長期投資では
なくイベントドリブンでした（ある出来事が起きた時、あるいは
起きると予想した時、短期的なトレードで儲ける戦略）。イベン
トドリブンの大型株投資はすべて大成功しました。この時期のト
レードを思い出してみると、

●2011年 オリンパス
　第 6 章で後述します。

●2012年 JAL
　JALの再上場。JALは倒産して債務免除になりBSがピカピカに
なって再上場してきました。しかし、倒産した会社ということで
機関投資家には白い目で見られていました。JALの株や債券を持
っていて大損した機関投資家はいっぱいいましたから。また、民
主党政権下での会社再建の成功例になったので自民党の代議士は
JALの悪口ばかり言っていました。雑誌にはJALを批判する記事
が多数出ていたのを記憶しています。ひどいネガティブバイアス
のかかりようでしたよ。機関投資家は「ANAさえ持っていればい
い」というのが基本スタンスです。しかし、PERで見てもネット
キャッシュ比率で見てもJALのほうが圧倒的に割安だったので

す。我々はIPOで思いっきり申し込みました。でも、それでもらえる株数はわずかばかりです。上場日にも人気のないままだったので上場後数日間の間に市場で一気に買い集めました。その後数ヵ月たつとJALの割安さが市場で認識され株価が急上昇、大きなリターンとなりました。

●2013年 東芝
　東芝株が粉飾決算で暴落。大量購入。値上がりで売却。しかし、売り切る前に原子力発電事業でバカでかい損失を計上。また暴落。儲けは減りましたが一応大成功でした。

●2016年 UTグループ
　第6章で後述します。

●2017年 日特エンジニアリング
　2017年に業績の下方修正で株価は下落。しかし、この銘柄はEVド本命銘柄です。モーターのコイルを巻く機械（巻線機）の会社なので本来株価に大きなプレミアムが乗っかって当たり前の会社だったのです。それが業績の下方修正でPERが10倍近くまで下がっていました。1200円程度で買ったこの株はあっという間に5000円を超えます。

　このようにロングポジションでの波状的な成功が続きました。この時期、ファーストリテイリング（ユニクロ）のショートで大損害を被ったのですが（後述）、ロングの儲けはすさまじく「大

勝利」に終わりました。ショートのほうもユニクロの後は全戦全勝でした。

2018年2月—2020年3月
パンデミックで暴落。メガバンク株大量買い

2017年の夏、私は咽頭がんの手術を受け、声を失いました。仕事を続けるか悩みましたが、二人の部下の支えもあってしばらくは何とか続けていこうと決めました。

2020年2月、コロナウイルスが蔓延し始め、相場はじり安となっていました。そして3月19日木曜日午後2時、ついに相場の底が抜けました。パンデミックの恐怖がパニックを引き起こしたのです。バケツに大きな穴が開いたように一気に大量の株が投げ売られました。

私は理屈抜きで「最大のチャンスがやってきた。これはラッキーだ。買えるだけ買おう」と本能的に動きました。人類がどんなに悲惨な目にあおうが、相場がそれを織り込んで暴落したら「買い」しかないのですよ。極端な例でいえば、小惑星が地球に衝突して地球が滅びるかもしれない時、ショートして実際に地球が滅んでも意味はないでしょう。全員死ぬので。でも、安値でロングしとけば軌道がそれて地球が助かった時、株価は何倍にもなって大儲けできます。日本が核攻撃を受けた場合でもショートではなくロングが正解です（もちろん株価が大きく下がっていればの話ですよ）。閻魔大王が私の夢で言いたかったこともこのようなことだったのでは（この章のタイトル「地獄の沙汰は持株次第」の意味は「地獄に落ちても有望な株を手放さず持っていればまた這

い上がることができる」ということです)。

　早速マージンを計算してみると、ショートがゼロだとロングポジションをNAVの140％程度まで増やすことができることがわかりました。余裕も見ないといけないので、私は2時から引けまでの1時間でロングをNAVの130％に持っていこうと思いました（30％はお金を借りて株を買うという意味です）。配当利回りがばかばかしいほど高くなったメガバンク株を中心に他の大型株も買いましたし、ストップ安に張り付いたREITも数銘柄買いました。

　しかし当時、REITについてはまったくフォローしていませんでした。K1ファンドのロングポジションには昔から投資していたREITが3銘柄ありましたがほったらかしになっていたのです。そのため、私の頭からはREITの知識がすっぽり抜け落ちていました。だから、ストップ安になったのを見て、私のほうも逆の意味でパニックになりました。

「どのREITを買っていいのか全然わからない！」

　緊急で、SMBC日興証券のREITアナリストであり、元大和証券の鳥井裕史氏からValuation Sheetを送ってもらいましたが、知識がないのでどうにもなりません。「とにかくポートフォリオにホテルが入ってないREITを買わなくちゃ！」と思いました。ホテルは大赤字になりそうでしたから。時間がないのでそれを確認するだけで精一杯です。

　鳥井氏に「買ったらいいREITをすぐに教えてくれ」とメールを送ったら「商業施設のREITの利回りが魅力的なのでは」との返事があり、大きな売り物のあったフロンティアREIT（8964）を買おうと思いました。最大の物件が「イオンモールナゴヤドー

ム前」です。たまたま部下の一人が名古屋出身だったので「ここのモールは大丈夫か？」と聞くと「あの場所は大丈夫です」と言うので、すぐに売り物を全部拾いました。

　この1時間は真剣勝負でした。考える力より反射神経がものを言った1時間です。私が昔読んだ「米国海軍史」の本に米国の駆逐艦隊の司令官が残した言葉として「有能な司令官と月並みな司令官の違いはたった10秒ほどだ」とありましたが、まさにそんな雰囲気でした。場が引けると、体から力が抜け放心状態になりました。基本、我々は指値注文で買うので不出来の注文も多く、結局NAVの26％ほどしか買えませんでしたが、極端な安値で買えたことに大変満足でした。

　結果、3月末にはロングポジションはNAVの113％（2月末時点では87％）、ショートポジションは0％（2月末時点では14％）となりました。そして週明けの月曜日、寄り付き後の数分はまだパニックの余韻が残っていましたが、予想通り、REITは数分後には買い気配に代わりました。私は買い注文を入れていましたがほとんど買えずじまい。相場は鋭角的な反転となりました。

　このころは、株価指数先物買い・現物株空売りのいわゆる裁定取引の売り残も信じられないほど膨れ上がっていました。外国人投資家が大量に株価指数先物を売っていました。現物株も投げ売られましたが、先物の売りほどの量ではなかったのです（これについてはこの章の最後で詳しく解説します）。ファンダメンタル面でも日本株は超割安、テクニカル面でも未曽有の買いシグナル、我々が相場に強気になるのは当然の状況でした。

下記は、その時の月次レポートです。コロナについて、我々が
かなり楽観的な見方をしていたことがうかがい知れます。

Tower K1 Fund　Monthly Report
2020年3月末の NAV　6,299.98ﾄﾞﾙ（前月比−10.4%）
円ベース指数：4,816.17（前月比−11.0%）

　2020年3月末の NAV は2月末に比べマイナス10.4%と
なりました。今月に入ると「新型コロナウイルス」の問題が
かなりひどい「パンデミック」になることが明らかになり、
欧州だけでなく北米でも甚大な被害が予想されるようになっ
てきました。しかも感染者数、死者数は3月末の時点では発
生元になった中国を除いては、減少に転じるどころかまだ拡
大基調にあります。日本も月末にかけ首都圏での感染者数が
爆発的に増える兆しが見えてきました。外国人投資家は日本
株を現物、先物ともに2月末から大量に売り越しています。
月を通じて日経225指数は10.5%の下落、日経 JASDAQ 平
均は10.4%下落、マザーズ指数は11.5%下落しました。

　我々は2月末の時点で今回の「パンデミック」の世界的な
被害を「過小評価」しており、その結果としてロングポジシ
ョンを早く増やし過ぎたのは間違った判断でした。しかし、
我々は今回のパンデミックは今年のどこかの時点でピークを
打ち、感染者数も減少に転じそれに従い世界の経済活動も回
復してくると思っています。株式市場は感染者数が増え続け

ていてもその増加率が減少に転じてくればそれを好感して急反騰することが考えられるため、我々はそれに備えてロングポジションを、高配当の大手銀行株、REITを中心に、今月積極的に積み上げました。過去の暴落のケースを見ても、実体経済がボトムを打つだいぶ手前で株式相場は底を打っています。

　なお、ショートポジションは今月、すべて買い戻しゼロになっています。ロングポジションは今月の積極的な買いによってすでにNAVを超過しています。現在概ね110％から115％の間ですが、相場がまた大きく下がればロングポジションをさらに増やし120％にまでもっていくつもりです。

　我々は今、日本の株式市場について強烈に強気です。このような「買いのチャンス」は今後半永久的に訪れないのではないかとまで思っています。そのチャンスを生かすため、我々は最大限のロングポジションを取ろうと思っています。確たる証拠はないものの、我々は相場のボトムは3月13日から19日の間であっただろうと思っています。この期間は出来高も急増し、セリングクライマックスだったのだろうと。

　裁定取引の売り残高も3月16日に過去のピークを更新しましたが、それ以降は下がり続けています。個人の証券会社での口座開設も劇的に伸びています。今後も外国人投資家が日本株を売り続ける可能性はありますが、悪いニュースにはある程度「免疫」ができているためパニック的な売りにはならないでしょう。

実は2020年3月19日よりかなり前から、私はすでに感じていました。「大型株もけっこう割安になってきたなあ」「これだけ割安ならロングは小型株にこだわる必要はないんじゃないかなあ」と。

　日本の株式相場は小型株だけでなく大型株まで割安になっていました。1980年代は長期金利4％でしたが、2019年末は0.1％。1980年代は公募増資、転換社債、ワラント債の乱発で株式の供給が増大。でも、今や増配・自社株買いが当たり前で公募増資等の新株の供給はほとんどありません。それなのに、1980年代よりPERはかなり低い。私はそのうち日本株は買いたくても買えなくなる「ショーテッジ（供給が絞られ買い手の需要を満たせない状態）」になると思いました。

　とにかく日本の投資家が為替リスクを取らずに投資しようと思ったら「日本株しかない」、「日本株に投資しないなんて馬鹿げている」というわけで、パンデミック以前にすでに住友商事、牧野フライス、三井化学といった大型株には投資していたのです。

　メガバンクも「だいぶ割安になってきたなあ」と思い、少しずつリサーチを始めていました。メガバンク株には成長性がありません。利益を伸ばすにはコストカットしかないのですが、三菱UFJとか真剣にコストカットに取り組んでいるとはとても思えません。私のメインバンクは三菱UFJ銀行なのですがとても立派で信頼できる銀行です。私はこの銀行と一生付き合いたいと思っています。ここにお金を預けている限り、問題など起こりようがありません。ただコストカットって話になるとねえ。ちょっとどうなんだろうって感じなのですよ。行員が持っているDX端末なんか余計に手間かかるだけで、効率化に寄与しているとはとても思

えないですし。タッチパネルの署名とかも、字が乱れて自分で見てもとても自分の署名には見えないんですけど。

　ある時、私の担当行員が来てこう言うんですよ。「前の担当者が『銀行がリスク商品を私に勧めるのを許可する』という約諾書を清原さんからもらったんだけど、実はその前の担当者ももらっていたので同じ約諾書が２枚ある。１枚破棄したいから、破棄に同意する『約諾書』に署名してくれ」と。なんだか落語の「落ち」みたいでしょ？　２枚あって何か不都合があるんですかねえ。こんなどうでもいいことでわざわざ私にアポとってくるのですから。新しい頭取は「本社を建て替える」とか信じがたい寝言を言っているし。私の大学の同窓生で日銀に行った友達が昔こう言っていました。「三菱銀行は１人の仕事を３人でやる」って。

　では、三井住友銀行はどうでしょうか。私はこの銀行はすでにかなりのコストカットをやり遂げたのではないかと思っています（そういう意味ではとても立派です）。今後のコストカットの余地は少ないのでは。みずほ銀行は、システム障害など私にはよくわからないところが多いのでメガバンク３行の中ではポジションは少なめにしました。BSも３行の中では見劣りしますからねえ。自社株買いをやる確率が一番低いだろうってことで。

　では、将来フィンテックにシェアを取られそうなメガバンク株をなぜ買ったのか？　それは以下の理由からです。

1. メガバンクのマネジメントは自行の株価が安すぎると思っていて何とかしたいと考えている。1990年代に株主に迷惑を

かけたこともまだ覚えている。だから増配、自社株買いが期待できる。

2. 金融というのは安全・信頼が一番大事だ。小口はフィンテックに移っても大口はそう簡単に移らないだろう。

3. 銀行業界は、低金利により預貸利ザヤが圧縮されていて全体として苦しいがメガバンクより地銀のほうがより苦しい。地銀の中には追い詰められているところもある（もちろん余裕のある優良な地銀もいっぱいあります）。地銀の破綻を防ぐために銀行業界にとってネガティブな政策はとりにくい。黒田総裁が辞める前に10年国債の金利の誘導目標を上限0.5％に引き上げた。「円安によってもたらされるインフレへの懸念」が理由だと一般に解釈されているが、悲鳴を上げている「地銀の救済」という意味合いも大きかったのでは。

4. 金利は今が底。これからは上がるしかない。ただ短期金利は日本の住宅ローンのほとんどが変動金利であることを考えると上げづらい。金利が上がるとすると長いほうが（10年国債利回りとか）上がっていくだろう。つまり順イールドを保ちながら上がっていくので銀行業界にとっては理想的。

　3番目の地方銀行の話は皆さんの想像より重要かもしれません。大方の投資家にとって「地銀なんかどうでもいいわ。まったく興味なし」ってことなのでしょうが、田舎に行くと地銀の存在感は大きいのですよ。だいたい地銀の頭取は地元の自民党の代議士と入魂の仲ですし。代議士の秘密口座があるとすればメガバンクとかじゃなく地銀でしょう。

　かねてから私は、「マイナンバーカードを導入したのに、なぜ金融機関の口座を紐づける『名寄せ』をしないんだろう？」と疑問に思っていました。日本の国税は絶大な力を持っています。名寄せができていれば、私の財産なんかワンクリックで２秒もあれば丸裸にされるのです。国税の仕事はすごく効率的になりますよ。簡単にできることなのにそれをやっていないというのは、つまり国税をしのぐほどの権力が圧力をかけているということなのではないでしょうか。

　なお、本来メガバンクを買うためには周囲の銘柄もリサーチしないといけません。生保株や損保株がメガバンクより割安ならそっちを買うべきだからです。しかし私は、昔から生保や損保をちゃんと勉強しようとしては難しくてよくわからずくじけていたのです。だから、メガバンク株になかなか手が出せないでいました。でも、暴落によって「もうそんなことどうでもいいや」「とにかく買おう」となったわけです。メガバンクをリサーチするといってもIRを訪問して話を聞くとテンションが下がって「買う気がしなくなる」可能性があるのでそれはやめました（メガバンクのIR担当の方は正直であまり楽観的な話はしないのです）。

　さて、2020年の３月19日に大きな勝負ができた理由はファンドの顧客が解約しないという自信があったからです。もちろん大口客には「今解約すると儲けを逃す」と営業が伝えて回りました。リーマンショックで半分の顧客を失ったのは痛手でしたが、かえって「盤石の顧客基盤」となったおかげで、パニック下で大きな勝負ができました。そういう意味では運用というのはポート

フォリオマネージャーだけの仕事ではないわけです。それは営業や顧客との共同作業だということですね。

　今思い返すと個人客（個人の経営する事業会社でうちのファンドに投資しているケースが多いのですが）は、皆さんユニークな方ばかりでした。年金基金の方も少しは残ってくれたのですが、残ってくれたのはやはりユニークな方ですよ。我々の投資先の中小型株の社長さんたちもユニークで、私はすごく楽しい時間を過ごさせていただきました。

　ある時には、東北の個人投資家の方から営業マンがこんな質問を受けました。「３月末にフリーメイソンが日経225の先物売りを大量に出して日本の株式相場をぶっ潰そうとしているって噂がある。清原さんに確認してもらえないだろうか？」と。普通のサラリーマンならこんなこと聞かないですよね。

2020年3月—2023年6月
メガバンク株高騰、株全面高

　2020年４月に入って余裕が出てくると私は考えます。「買った銘柄をいつ売ろうか」と。この時、私は世界中で発信されるコロナのニュースに真剣に耳を傾け、自分なりに分析し、これからコロナがどうなっていくのか予想しようとしました。前に「ベイジアン」のところで書いた診断薬の話はこの時に勉強したのですよ。「所詮、人類がウイルスに負けるわけがない。複数のワクチンがもうすぐ完成するみたいだし、最悪でも集団免疫ができればそれで終息。経済への長期的な悪影響はない」というのが私の全体感でした。

　確かに、変異株出現の可能性はそこそこ大きいとは思っていましたが、あと２〜３ヵ月もすればパンデミックは終息するだろうというとんでもない見込み違いをしていたのです。ましてや何波もパンデミックが到来するなど思いもよりませんでした。

　日本株はパニックが収まり回復はしてきていましたが、大型株のvaluationは歴史的に見てもまだとても割安でした。2020年３月に９億株まで積み上がった「先物買い・現物株空売り」の裁定取引残高（この後詳しく解説します）はいったん６億株まで減りましたが、４月に入ると再び増加。10億株を超えるところまで積み上がり、５月には11億株以上になってピークを付けます。何かきっかけがあれば相場は暴騰するというレベルの積み上がり方です。

　そのため、まだ強気のポジションでいるべきだと思いました。３月19日に安値で買った銘柄を売るどころか値上がりの鈍いメガバンク株を中心にさらに買い増しました。唯一のショートポジションだったイオンは３月中にすべて買い戻していて（これについては第７章で後述します）、それ以降は今に至るまで基本ショートはゼロです（小さなポジションはありましたが）。結果、ロングポジションは７月末でNAVの125％、ショートゼロとなりロングは暴落の３月19日以前の87％から38％ポイント増加しました。

　４月の終わりごろになると、コロナの第二波が訪れます。ロングポジションがNAVを超過していたので（お金を借りてまで株を買っている状態）ヤバいかなと思いましたが、相場というのはmagnitude of surprise（驚きの程度）に反応します。つまり、悪材

料に慣れてしまうと相場は下がりにくくなるのです。内戦のレバノンでロケット弾が撃ち込まれて近所で煙が出ているのに平気でカフェのオープンテラスでコーヒーを飲んでいる人がいるとか、人は慣れればどうってことないのですよ。だから、第二波が第一波より悲惨でも相場の下げは限定的になると思っていました。

　それともう一つ、私には新たな考えが浮かんできていました。パンデミックが長引くことは株式市場にとってプラスに働くのではないか、というものです。そのアイデアをエコノミストの友達とディスカッションするために次のような話を作りました。

釣り人のAさん、散髪屋のBさんの話

「ある国にAさんとBさんの2人が住んでいます。Aさんは釣りが仕事で毎月10万円分の魚をBさんに売ります。Bさんは散髪屋でAさんは毎月10万円払って散髪をしてもらいます。この国にいるのはこの2人だけで、AさんもBさんも生活に必要な他のことはすべて自給自足です。散髪も釣りもコストはゼロ。従って、売上は全部付加価値でこの国のGDPは20万円／月です。2人ともそれぞれ手元資金としていつも10万円を持っています。

　さて、コロナでパンデミックになり、国の命令で散髪屋は一時的に店を閉めることになりました。閉めて1ヵ月目はBさんは手元資金を使って10万円分の魚が買えます。しかしAさんは散髪屋には行けません。すると1ヵ月目のGDPは10万円となり半減してしまいます。2ヵ月目も散髪屋が閉まったままだと今度はBさんの資金が底をつき、Aさんから魚

が買えなくなります。つまり、2ヵ月目のGDPはそのまま
にしておくとゼロになってしまいます。

　そこで政府は、散髪屋が閉まっている間、Bさんに月10
万円の補助金を出してAさんの魚が買えるようにします。
そうすればGDPは10万円／月を維持し続けることができま
す。さて補助金をもらったBさんはすべてのお金を使うの
で余裕資金などまったく貯まりません。

　一方のAさんはどうでしょうか。Aさんはお金を使わない
（使えない）ので1ヵ月目に手元資金が20万円になります。
2ヵ月目には30万円となり、3ヵ月目には40万円になりま
す。お金は政府から補助金をもらわないAさんのほうにたま
っていくのです。政府からお金をもらっているBさんのほう
ばかりを見ているとこの余剰資金の蓄積を見逃します。

　もちろんAさんに課税して余裕資金を取り上げ、Bさんへ
の補助金の資金源とすることはできます。でも散髪屋にはい
けなくて不便だわ、増税はされるわではAさんは理不尽と
感じるはずです。だから、政治的にAさんへの課税は難し
いのでは。

　さて、Aさんは余ったお金の一部を株式投資に回すかもし
れません。

　こう考えるとパンデミックが長引くということが果たして株式
市場にとって悪いことなのか、という疑問に突き当たります。と
てもcounterintuitiveでしょ？

　私はこの時、重要な判断を下しました。「パンデミックが長引

けば株式市場にはプラスだ」と。「過剰流動性相場（お金が余って株式市場に流れ込む）」がかならず到来すると思ったのです。この確信があったのでその後数回にわたってコロナの山が到来しても、メガバンクをはじめ多くの大型株を持ち続けることができました。

　メガバンクをすべて売却したのは黒田総裁が10年国債金利の誘導目標を上限0.5％に引き上げ、株価が大きく上昇した2023年3月頭です。全部売り切った後、米国のSVB（シリコンバレーバンク）の破綻でメガバンク株が暴落したのでまた買いましたけど。その間たったの数日。「ツキ」っていうのはあるんですねえ。

株価指数先物の裁定取引残高について

　ここまでが我々が行ってきた25年間の運用の概要です。最後にこれまで何度か出てきた、我々が重視しているテクニカルな指標「株価指数先物の裁定取引の残高」について説明します。単純に言うとこうです。

　短期筋の投資家（通常外国人投資家です）が相場に強気で、株価指数先物を大量に買い増すと先物の値段は上がります。通常は現物株にも買いが入るため、先物、現物も同じように上がりますが、たまに先物が勢いよく上がる割には現物株の上がり方が鈍いということが起こります。すると、先物の値段が理論価格より割高になります。

　このとき、大手証券会社は自己勘定で「先物売り・現物株買い」の裁定取引（アービトラージ。同じ価値を持つ商品に価格差が生じた場合、割高な商品を空売り、割安な商品を買う）を行い

ます。株価指数先物は現物の値段で3ヵ月で決済されます。ということは現物と先物は3ヵ月ごとに一致するので証券会社はほぼリスクのない裁定取引ができるのです。

　逆に短期筋の投資家が弱気になると株価指数先物を売りますが、長期的な現物株の投資家はそう慌てて売らないケースもあります。その場合、先物の価格が理論価格を下回ることになりがちです。すると今度は「先物買い・現物株空売り」の裁定取引を証券会社は行います。

　これはあくまで、「現物株の投資家に比べて先物の投資家はstaying powerのない短期筋（踏ん張りがきかない投資家）」だというのが前提となりますが、裁定取引の「買い残高」（現物株買い・先物売り）が膨らんでくるということは、短期筋が相場に強気で先物を買いまくっているのに対し、長期的な投資家は株式相場にそれほど強気ではないことを示しています。ほどなくして短期筋がそれに気づくとあきらめて先物の買いポジションを閉じることになります。それと同時に裁定取引も終了し、現物株は売られます。

　つまり、「先物売り・現物株買い」の裁定取引がたまってくると、その後必ず反対売買が起きて現物株が売られますからテクニカル的に「弱気のサイン」となります。逆に「先物買い・現物株空売り」のポジションがたまってくると、その後空売った現物株は買い戻されるので「強気のサイン」となります。

　さて、実際の数字を見てみると2010年までは裁定取引は「買い残高」が圧倒的に多く、「売り残高」は微々たるもので多い時で1億株程度でした。それでも多少はテクニカルインディケータ

ーとして意味はありました。おそらく、昔は借株のコストが高くて空売りがしにくかったからではないかと思います。

　それが2010年を境に、先物買い・現物株空売りのポジションの「売り残高」が、先物が大きく売られた時に３億株程度まで積み上がるようになります。パッシブファンドの隆盛で借株コストが下がったことも要因でしょう。

　2020年のコロナ禍での大量の先物売りの際には、売り残高が異常に積み上がり11億株にまで達しました。これは「弱気筋が超弱気で株価指数先物を強烈に売ったのに、現物株を持っている長期的な投資家は短期筋が期待したほど株を売らなかった」ことを表しています。つまり、強烈な強気のサインだったわけです。

　私はこれからもこの指標をモニターしていくつもりです。では、皆さんが触れることができるこの情報が、なぜ相場を予想するうえで参考になるのでしょうか。そのような情報は相場にすでに織り込まれているのでは？

　ごもっとも。この指標が役に立つ理由は「この指標があまりにも不完全であること」にあります。裁定残高の報告義務は証券会社にはありません。報告は任意なのです。公表されている数字は氷山の一角でしかありません。実際の裁定残高はわかりません。だからストラテジストも日経CNBCのコメンテーターもあまりこの指標を強調しません。というわけで、今のところは逆にこの指標が非伝統的情報源のようになって役に立つのです。みんながこの指標の有益性に気が付いて真剣に見るようになれば、この指標も使い物にならなくなるでしょう。

第5章

REIT
落ちてくるナイフを2度つかむ

まさかのIPO「20億円分」当選

「えーーーーっ！　うそでしょ！」

　私はメリルリンチ日本証券からの報告を聞いて叫びました。

「いったい何が起きたの？」

　REIT（Real Estate Investment Trust）とは「不動産投資信託」のことです。信託が複数の不動産を購入し、投資家はその信託を株式のように取引所で売買します。不動産投資信託では、不動産会社のように法人税が課されません。不動産会社が不動産を買い、投資家がその不動産会社の株式に投資する場合、不動産会社は法人税を払って残った利益から投資家に配当を払うことになります。だから法人税がない分、投資家は不動産を所有している不動産会社の株を買うよりREITを買ったほうが有利なのです。

　私は、REITは日本の年金運用や配当を好むお年寄りの個人投資家にピッタリの商品だと思いました。日本は、法人税率がそこそこ高いので（当時は今よりさらに高かったですから）、不動産市況の見通しとは関係なく、不動産保有におけるREITのシェアは上がり続けると予想し、REITが誕生したころから機関投資家に重宝されるアセットクラス（正当な投資対象）になると確信していました。

　この勃興するアセットクラスに我々はいち早く目を付け巨大なポジションを築き最初は大きな評価損を出しました。しかし、その後K1ファンドのパフォーマンスを決定づけるほどのリターンを稼ぎ出しました。後で個別のロングの例を銘柄ごとに紹介しますがその前にこの新しい市場にどう挑んでいったかを説明します。

　2001年 9 月10日には、REIT市場一番乗りとなる三井不動産系の日本ビルファンド（8951）が上場しました。その後、三菱地所系のジャパンリアルエステイト（8952）が続きます。このころは金利もかなり低下してきていたので（おそらく10年国債で 1 ％台の下のほうだったと思います）、私はとても強気でした。

　日本ビルファンドはIPO価格で見て、配当利回りが 5 ％もあったのですよ。それで日本ビルファンドの海外ブックの主幹事を務めていたメリルリンチ日本証券に申し込みをしました。

　普通、IPOは人気もあるし、ヘッジファンドは後回しにされることが多いので大して割り当てをもらえません。だから私は、「このIPOは初めてのREITだし、日本人の初物好きを考えると大人気になる」と考え、思いっきり注文を入れました。どうせ当たらないだろうと思って。確か20億円ぐらいでしたかねえ。それで2000万円でももらえれば超ラッキーだと。

　するとメリルリンチから電話が来て、「清原さん！　20億円全部当たりました！」と。それで冒頭の「えーーーーっ！」ってことになったわけです。それって「当たった」って言うの？　「当たった」っていうより「ハメられた」ってことじゃないの？

　後で聞いたのですが、「機関投資家の需要がとても低く、上場後の個人の売りに対して機関投資家の買いがなさそうで値下がりしそうだと気づいたメリルリンチの営業マンが個人客のオーダーを全部キャンセルさせた」とのことでした（りっぱな営業マンですよねえ）。

　IPOで20億円注文を出して「全部当たる」なんて後にも先にも

ありません。私の読みは100％外れました。

「これでいくら損するんだろう？」。オーダーを出した私に全責任があるので「ハメられた」というより自分で勝手に「ハマった」のですが。IPO価格62.5万円（１対２の株市分割をしているので今の基準だとその半分の値段です）に対し、初値こそ同値でしたがすぐに相場は崩れます。機関投資家の買い支えがない株価はほぼ一直線で下落。2002年の１月下旬には瞬間48万円を切りました。配当は安定しているのに株価が下がったため、株価のボトムでの利回りは6.8％にもなりました。

　機関投資家の需要がなかった一番の理由が「2003年問題」です。2003年に首都圏のオフィスビルの供給が大きく増えるので空室率が上がり、賃料が下がるのが嫌気されたのです。さらに、REIT市場の銘柄数が少なく、時価総額も小さかったため、機関投資家にアッセットクラスとして認知されていなかったことも大きな理由だったと思います。そもそもクイック端末（日経新聞社のグループ会社が提供する情報端末）をたたいても利回りさえ表示されませんでしたからねえ。世間の認知もなかったわけですよ。

　私は「2003年問題」というのは一過性の問題だと思っていました。日本ビルファンドが持っているオフィスは競争力があり、大した影響を受けないだろうと。それに誇張された2003年問題は2003年になってしまえば消え、むしろ株価反転のきっかけになるだろうと。だから2003年問題が株価を割安にしている原因なら今こそどんどん買わなきゃ、ってことで上場後に下がったREITを損が出続けても買い続けました。下記は、このころの月

次の運用レポートです。

Tower K1 Fund　Monthly Report
2001年12月末のNAV　378.5（前月比＋1.0％）

　2001年12月末のNAVは11月末に比べほとんど変わらず、1.0％のプラスとなりました。12月は野村総研（4307）を含む30社もの新規公開が集中したため、小型株を中心に個人投資家の激しい換金売りで需給が悪く、日経225で1.4％の下落、日経店頭株指数で2.8％の下げとなりました。当ファンドでは財務体質の悪い低位株が暴落したためショートで若干プラスとなりましたが、ロングではコアポジションの日本ビルファンド（8951）の下げが大きく、プラスをほぼ打ち消しました。12月末でロングとショートの比率はNAVに対し121％と45％となっています。

　ロングポジションでは日本ビルファンド（8951）への投資を大幅に増やしました。ショートではピジョン（7956）、丸善（8236）、カシオ計算機（6952）、オリエンタルランド（4661）のすべてを買い戻し、三菱地所（8802）、サニックス（4651）、ネットワンシステムズ（7518）等のポジションを積み増しました。

　12月は日本ビルファンド（8951）が大きく下げる中で、一貫して買い下がりポジションを膨らませました。ロングとショートのポジションが過去に比べ極端にロング寄りになっているのはそのためです。機関投資家サイドがまだこの証券

をどういったアセットクラスに分類していいかわからず手が出せないなかで、年末にかけ個人投資家の換金売りで大きく値を下げました。

　利回りは2002年中には7％を超えると考えられ、我々は年金運用にぴったりのこの証券（REIT）が近い将来、大きく見直されることになると思っています。本来、株式に比べればインカムリターン追求型のリスクの低い証券であるため、REITに大きく投資した結果として上昇したロングポジション全体を同額の株式のショートを増やしてヘッジするのは適当でないと判断しています（もっとも、若干は三菱地所等の不動産株のショートでヘッジしていますが）。この日本ビルファンド（8951）を始めとして我々がこれまで苦労して仕込んできた銘柄群が、何銘柄かの東証一部への指定変えも含め2002年のマーケットで花開いてくれると信じています。

　この月次報告書には「2002年中に日本ビルファンドの利回りが7％を超えると考えられる」と書かれています。それなら、なぜ私はそこまで待って安く買わなかったのでしょうか？

　それは私が「量の勝負だ」と考えていたからです。配当が高いのでいっぱい買ってもリスクはほとんどないと考えていました。ならば、できるだけいっぱい買おうと。次の年まで待って、さらに株価が下がって利回りが7％になってから買っても少ししか買えないかもしれません。それなら買えるときに買って、下がればさらに買い増せばいいと思っていました。

　しかし、買い続けても株価は下がる一方でした。それを見てい

た当時の部下がこう言いました。

「みんなが売っている時に清原さんが一人で買って勝ち目はあるんですか？」

私は言いました。

「それは違う」

みんなが売っていて買い手が私一人というのはそんなに悪いことなのでしょうか？

これは経済学の教科書では「買い手市場」です。買い手に独占的な利潤が生まれるのです。もし問題があるとすれば、自分以外にもまだ買っている投資家が少しは存在するということでしょう。本当に私だけしか買ってないのであれば、必ず儲かる安い値段で買えばいいわけですからリスクなどありません。株価が下がって損失を出していても、機関投資家の買い手がほとんど不在だったという時点でもう我々は「勝利を収めていた」のでしょう。この章のタイトルで「落ちてくるナイフを2度つかむ」とありますがこれは「落ちてくるナイフはつかむな」という株式投資の格言をもじった文章です。この格言の意味は「暴落している株を買うな。株価が底を打ったことを確認してから買え」ということなのですが、世の中そんなにうまくいくわけがありません。この格言は間違っています。底値付近で買おうと思ったら落ちてくるナイフをつかまなきゃ。

我々は、新規で上場してくるREITにも積極的に投資しました。ピークではロングポジションの7割程度がREITではなかったかと記憶しています。2002年1月にボトムを打った日本ビルファ

ンドの株価は2002年末には62万2000円とほぼIPO価格を回復。2003年末には68万8000円と初値を大幅に超過し、K1ファンドの儲けも大きくなっていきます。

2003年に入ると「2003年問題」という言葉はもう聞かなくなりました。その後も株価は順調に上昇し、2004年末には87万4000円になりました。我々はREITの利回りが4％を切ったら売却する方針でしたので、日本ビルファンドはこの年に全株売却したのだと思います。代わりに利回りが高く、規模の小さいREITやREIT市場の拡大で恩恵を受ける不動産投資顧問会社や不動産デベロッパーを大量購入しました。

その後も日本ビルファンドは値上がりを続け、2007年3月には198万円を付けました。こうなるともうバブルの領域で、我々のユニバース（投資対象）からは完全に外れます。

リーマンショックとREIT暴落

REITバブルに浮かれているうちにリーマンショックが近づいてきました。それは2008年にやってきて、世界の不動産業界を破壊しました。日本でもたくさんの中小の不動産屋が倒産し、REIT市場も暴落。日本ビルファンドも2008年10月に68万9000円まで、ピークから65％下落しました。

でも、スポンサーが信用力のある三井不動産であった日本ビルファンドなんかはまだマシなほうでした。悲惨だったのがスポンサー企業の信用力が弱いREITです。

我々は2005年7月に上場した「ジョイントREIT」を大量に保有していました。ジョイントREITのポートフォリオの中身は決

して悪かったわけではありません。東京の城南地区を中心とするマンション主体のポートフォリオだったからです。スポンサー企業のジョイント・コーポレーション（以下ジョイントコーポ）がマンションを開発し、それをジョイントREITが買ってポートフォリオに組み入れるというのがビジネスモデルでした。

このジョイントコーポのビジネスに問題があったわけではありません。ただ、成長を急ぎ過ぎてBSが肥大化していました。当時の詳しい数字は忘れましたが、自己資本比率は15％程度ではなかったでしょうか。信用不安説が流れ、ジョイントコーポの株価は暴落。それにつられてジョイントREITの株価も暴落しました。はっきりとは覚えていませんが、ボトムで利回り30％ぐらいはありましたかねえ。

でも、おかしな話なのですよ。REITのスポンサーが倒産しようがREITの中身自体には無関係なはずです。ジョイントREITの保有するマンションの住人がちゃんと賃料を払ってくれれば価値は毀損しないはずですから。私だって港区のマンションに住んでいますが、リーマンショック時も賃料は全然下がらなかったですからねえ。

私はスポンサーの信用力が弱く、値下がりの酷いREITにとてつもなく大きいチャンスが存在するのではないかと思うようになっていました。問題は、REITに金を貸している金融機関です。彼らを納得させない限り、REIT市場は不安定なままになります。

私は状況を把握するために大和証券（現・SMBC日興証券）のREITアナリストの鳥井氏を頼りました。REITが暴落し、アナリ

ストも慌ててスポンサーリスクがああだこうだと言い始めました。「そんなこと言われなくてもわかるわ。利回りが30％もあればスポンサーリスクはあるに決まっている」と思ったのですが。

ジョイントREITも「高リスクREIT」だということで「危険だ。近寄るな」とアナリストに宣伝されてしまいました。「危ない、危ない」とアナリストが宣伝し、金融機関がビビッと資金回収に動くとREITは本当に死にかねないわけですよ。死に体の人間に拳銃でとどめを刺すような話です。確かにアナリストの仕事は「株式の価値の客観的な評価」ですから仕方がないのですが。

でも、大和証券の鳥井氏だけは違いました。彼は崩壊寸前のREIT市場を救おうとしたのです。

彼は国交省、金融庁を駆けずり回って「REIT市場が壊れてしまったら日本の不動産市場は壊滅的な打撃を受ける」と熱心に役人を説得しました。リーマンショックの時は中小の不動産会社がたくさん倒産しました。ネガティブなセンチメントに市場が覆われる中で、いよいよREITが「The last man standing（最後の砦）」になったのです。鳥井氏が国交省の官僚とどういう話をしたかは知りません。でも、官僚もちゃんと危機意識を持っているみたいだ、という雰囲気はなんとなく伝わってきました。

そして2009年9月には「不動産市場安定化ファンド」が創設されます。REITのデット（負債）を支援する目的のファンドです。こんなに素早く対策が出てくるとは驚きでした。国交省や金融庁にはすごい危機感があったのでしょうね。

これは私の想像ですが、特に国交省の官僚には「REITは自分たちが苦労して作った市場だ。壊れるのを黙って見ているわけに

はいかない」「不動産市場の最後の防衛線はREITだ。ここは何としても死守しよう」という強い意志というか気概があったのでは。2008年10月のREITのニューシティ・レジデンス倒産（上場廃止になりましたがその後他のREITと合併。結果的に投資家は儲かったのですが）もあって、国交省の官僚は全速力で対策を打ち出してきたのでしょう。「あっぱれ！」ですよ。私はまさか「不動産市場安定化ファンド」なんてものまでできるとは思っていませんでした。

　私はこう考えました。

「中小の不動産会社はバタバタ倒産している。自己資本比率の低い中小不動産会社は数が多すぎて救えない。REITのスポンサー企業だけを特別扱いにして救済するのもアンフェアだ。それに対し、REITは自己資本比率が50％もあるので救うのは楽だ。あくまでも国交省が救おうとしているのはREITであってスポンサーの中小不動産会社ではない」

　私はジョイントREITのスポンサーであったジョイントコーポは倒産すると思っていました。そこがねらい目だったのです。REITのスポンサーが倒産すると、REITはスポンサーなしの宙ぶらりん状態になります。そこでまた信用力のない不動産会社がスポンサーにつくと不安がまったく解消されません。だから、国（国交省）が動いてそれなりにちゃんとしたスポンサーがつくのでは、と。これが私の読みでした。

　そこで我々は、ジョイントREITや、信用力が弱い株価の暴落した他のスポンサーのREITを徹底的に買います。そして予想通り、2009年5月にジョイントコーポは倒産します。なかなか新

たなスポンサーが決まらず不安ではありましたが、「不動産市場安定化ファンド」が同年９月に発表になるともう心配はなくなりました。

翌2010年３月には積水ハウスが新スポンサーに決まります。９回裏の逆転満塁ホームランですよ。最悪のスポンサーから最高のスポンサーに変わったのですから。株価はあっという間に数倍になりました。信用力がないと言われたREITの株価はどれも力強く回復し、日本の不動産市場は救われました。

私は底値で信用力のないREITを買いまくっただけです。危機を救ったのは獅子奮迅の働きをされた鳥井氏や国交省・金融庁の官僚の皆さんです。私は一生感謝し続けなければいけないのでしょうね。

第6章

実践のハイライト
ロング

第6・7章では、1〜3章でお伝えしてきた投資哲学や運用方法を踏まえて、具体的にどのように個別銘柄を売買してきたかを紹介します。

HSホールディングス（8699）

　天国から地獄へ突き落されました。あれは2020年2月のことだったと思います。コロナが「エピデミック」から「パンデミック」に移行しつつある時でした。相場にも暗雲が垂れ込め、暗いムードが漂っていました。

　そんな時、我々が大株主だったHSホールディングス（以降HS社）にTOBがかかります。HS社はモンゴルのハーン銀行などを傘下に持つ持ち株会社です（持ち株会社とは、他の会社の株を保有し、支配する会社のことです）。

　TOB価格には大きなプレミアムは乗っておらず、発行済み株数の50％だけの買取オファーだったので大儲けできるわけではありません。ただ、売るに売れないほどの大株主になっていて完全に手詰まりになっていましたから（発行済みの25％程度を持っていました）、「相場のムードは悪いしコロナは不気味だし、これで資金ができれば相場が暴落した時に株式を大量に買うことができる。パーフェクトなタイミングだ」というわけでとてもラッキーだと思ったのです。

　しかし、我々はHS社から連絡を受けます。「株を売らないでくれ」と。我々にとってはまったく寝耳に水でしたが、前年の2019年にモンゴルの銀行法が変わり、「日本に上場するHS社の株式を売買するには、モンゴルの中央銀行の許可がいる。もし許可

なしで売買すればHS社が持つハーン銀行の議決権、配当の権利を停止する」となっていたのです。HS社の価値の８割程度は、その50％を保有するモンゴル最大のハーン銀行の価値です。だから、その権利を召し上げられたら、理論的には株価が８割下がることになります。

これで我々は身動きが取れなくなりました。あまりにひどい法律なので、我々はHS社に頼んで事情を確認してもらいます。それと同時に株式の売却許可を求めるレターをモンゴルの中央銀行宛てに書いて、HS社、ハーン銀行経由で中央銀行に送ってもらいました。

そもそもずっこけているのは、TOBをかけた企業もモンゴルの中央銀行の許可を事前にもらっていなかったのです。彼らも身動き取れなくて、TOBは延期に次ぐ延期となりました。

我々は、何度か売却許可を催促するレターを書きましたが返事は来ません。TOBをかけている企業も許可はもらえず、日本のTOBの歴史に残る前代未聞のまぬけなTOBがだらだらと何ヵ月も続いたのです。

その年の６月でしたかねえ。モンゴル中央銀行から知らせが届きます。それは売却の「許可」ではなく売却の「命令」でした。「うちがHS社の株を違法に取得したので２ヵ月以内に売却しろ」というのです。「HS社の株を買ったのは2006年で、その時は何の問題もなかったはずだが」と抗議しましたがどうにもならないですよ。彼ら中央銀行はハーン銀行に対しては何でもできるのですから。

ふだん私は、株式の売買は値段を見て丁寧に指値で行います。しかし、この時は命令ですからねえ。私は損失を承知で株を市場で投げ売りました。こんなバカバカしいこと早く終わらせようと思ったのです。

　この株を買ったのは2006年のライブドア事件（ホリエモンショック）で小型株（特にマザーズ株）が暴落した時でした。3500円以上していた株が半値になったので買いました。しかし、買ってからさらに下がります。普通、小型株を下落局面でタイミングを間違え早く買い過ぎた場合、さらに下がった時に少しずつ買い増していきます。しかし、この時はあまりにも大量の株数があっという間に買えてしまったので、私の作戦ミスは明白で、その後は買いを控えるようにしました。

　すべて市場で売却してからは、この話はもう思い出さないことにしています。だから、記述に不正確なところがあるかもしれません。結局、TOBもうやむやで、わけのわからない終わり方になりました。我々は3つのファンド合計で89億円の損失を被りました。1銘柄の損失としては最大です。

　でも、思い出したくないっていうのは無責任ですね。これだけ損をしたのだから何か学ばないと。

　一つには株価が半値になったからといって割安になったわけではないということです。HS社の株価はそれまでの新興市場株ブームでバブっていたわけですよ。それを暴落したという理由で大量に買ってしまったのが大失敗。

　それと、さらに重要なのは新興国のリスクです。モンゴルのハ

ーン銀行が会社の価値の8割を占めるのに、我々はモンゴルのことを何一つ知らなかったし、知ろうともしませんでした。ただ、HS社のIRの方から間接的に聞いていただけです。怠慢と言われても仕方ないですねえ。新興国には先進国では考えられないようなリスクがあります。時としてそれは大変理不尽なリスクです。一般論として書いてみますね。

　そもそも、「外国人が貧しい国の主要産業の大株主になって儲けまくる」というのには大きなリスクが伴います。例えば、中南米の資源国で非鉄市況が上がり、貿易収支が好転し、通貨も強含む。これは確かにいいことなのですが、与党の政治家にとっていいことかどうかは微妙でしょう。

　資源価格が上がると鉱山会社は儲かります。儲かっていることがわかると鉱山労働者は賃上げを要求します。会社はストライキが嫌なので賃金を上げます。それは地元への貢献にもなりますから。潤った鉱山労働者は街に繰り出して派手に遊びます。それを見ている一般市民は「鉱山会社って儲かってるんだなあ。その割には俺たちには恩恵がないなあ」と思います。特に人口の大半を占める農民は為替が強くなって彼らの農産物が輸出競争力を失い、場合によっては貧乏になります。

　そこに目を付けた左派の候補者は選挙で「この国は本来豊かになっているはずだが、外資系企業と賄賂をもらって私腹を肥やしている政治家と官僚に蝕まれている。国民の富を奴らから取り返そう！」というノリで選挙戦に臨むのです。それで「そうだ。そうだ」ということになりやすく左派政権が誕生するわけです。

　選挙に勝った左派のやることは、もちろん鉱山会社のロイヤル

ティーの引き上げとバラマキ政策です。だから資源価格が上がって鉱山会社が儲かった、その株主の日本企業も儲かったと言って浮かれてばかりというわけにはいかないのです（映画「サンチャゴに雨が降る」という名作が参考になると思います）。

　ハーン銀行もモンゴル最大の銀行で、しかも経営がうまくいきすぎていたので目をつけられたのだと思います。「モンゴル最大の民間銀行を日本のちっぽけな会社に牛耳られていていいのか」と。2019年に銀行法が変わるまでにHS社や我々も何らかのアクションが必要だったのかもしれません。

オリンパス（7733）

　2011年10月、オリンパスではウッドフォード社長が解任されると粉飾決算が暴露されました。さらに翌月11月10日、上期中間決算が法定期限内に発表できないことがわかり、東証はオリンパスを「監理銘柄」に指定します。12月14日までに提出できなければ上場廃止、また提出できたとしても粉飾決算が重大で悪質であれば上場廃止になるということで株価は暴落。事件発覚以前に2700円だった株価は一気に400円近くまで下がりました。

　11月10日の夜、私は翌日に大きな賭けに出ることを決心します。翌日が修羅場になるのは明らかでした。このトレードを誰に任せようかと考えましたが、ドイツ証券の女性トレーダーしか思い浮かびませんでした。彼女なら巨大な注文を上手にさばいてくれるだろうと。翌日11月11日、売り気配で始まった株を我々は一気に発行済みの５％弱ほど買いました。しかし何を考えたのか、私はほんのちょっと利益が乗った段階で前場中に全株処分し

てしまいます。なぜ処分したのかは忘れました。何か嫌な雰囲気を感じたのでしょうね。

　そして同日の昼過ぎ、米国の有名メディアによるオリンパスについての観測記事が流れます。そこには「首謀者の一人Aはヤクザとつながりがあるかもしれない」とあり、後場に入ると株価はさらに暴落します。前場で全部売り切っていたのが気持ち悪いほどラッキーでした。そして、私はここで決心します。「ヤクザと来たか。これ以上悪い話は出ないわ」と思い、一気に発行済み株式の５％以上を再び買い進めました。値段は450円前後だったと記憶しています。

　実はオリンパスの粉飾決算は長年有名でした。インベストメントバンカー（投資銀行部の社員）ならだれでも知っていたのでは。私は外資系のモルガン・スタンレー証券にいた時に知りました。でも、私が聞いた「飛ばし（損失の認識を会計上先延ばしにする）」の金額は500億円だったのですよ。まさかそれが1000億円以上に膨らんでいたとは。

　これは、こういうことだと思うのです。昔は「飛ばし」は合法だった。だから基本、どの証券会社も「飛ばし」のお手伝いをしていた。しかし、いつしかグレーになり、日系の大手証券会社は撤退していったけれど、外資系証券数社はまだ市場に残っていた。

　私がモルガン・スタンレー証券にいたのは「グレー」の時代だったと思います。プレゼン資料に「この仕組みは我々の推奨ではありません。もし実施される場合は御社の顧問弁護士と相談してください」と書いてあればギリギリOKという時代でした。その

241

とき私は「オリンパス向けの500億円の飛ばしのプレゼン」を見たのです。担当者は隠そうともせず、机の上に見えるように置いていました。今思えば「のどかな時代」でした。

　私がモルガン・スタンレー証券を去ってからはグレーだった時代も終わり「真っ黒」、つまり「飛ばしは粉飾決算」ということになっていきます。そうなると、外資系証券会社も飛ばしの手伝いはしなくなります。

　この損失隠しの原因は、1980年代後半の日本株バブルにあります。「特金」という証券会社が事業会社や金融機関からまとまったお金、例えば100億円を預かって勝手に株式で運用するのがバブル時代に流行りました。株式部長自らが保証商い（あなたには損はさせないと約束すること）すれすれのことをやるわけです。

　しかし、バブルが崩壊すると巨額の損失が発生します。営業力のある野村、大和、日興は顧客のクレームを突っぱねます。「それはあんたの自己責任だ」ということで。特金の旗振り役だった役員を退任させ、幕引きってわけです。ところが、営業力のなかった山一だけは損をした顧客に押し切られます。それで自ら損失を被り、それを飛ばしで隠しました。結果は自らの倒産（正確に言えば野村も主要顧客に対する損失補塡は一部やっていました。しかし山一のそれに比べれば微々たる金額だったと思います）。

　巨額の損失を抱えた事業会社の多くはなんとかそれを隠そうとしました。1990年代には、海外での事業失敗や在庫処分損などがやたらと多かったと思いませんか？　この「海外」っていうのがミソなのです。その特損に「実は特金の処理」がだいぶ含まれ

ていたはずです。ゲーム会社が海外で何百億円も在庫の評価損を出すとか。一番笑っちゃったのが、とあるレストランチェーンが「マレーシアでのエビの養殖事業等の失敗で200億円の特別損失」ですよ。一体どうやったらエビの養殖で200億円も損が出るんですか。まあ監査法人はマレーシアのエビ養殖場までは行きませんからねえ。

「飛ばし」がはっきりと違法になると、事業会社は頼る証券会社がなくなります。でも、どうしても足を洗えない一匹オオカミみたいな奴らがいて、「飛ばし」の手伝いを続けます。そうなると売り手市場です。飛ばし業者が思いっきり報酬を要求しても他にやってくれるところがないから事業会社は文句が言えません。そうやってオリンパスの500億円の損失は、飛ばしが違法になった後、急激に1000億円以上に膨らんでいったのではないでしょうか。

　飛ばしの話が長くなってしまいましたが、なぜ我々はオリンパスの上場廃止が怖くなかったか？　それは、オリンパスには暴落してへこんだ時価総額の何倍かの価値があったからです。上場廃止になったからといって、その価値がなくなるわけではありません。上場廃止になってもすぐに争奪戦になると思っていました。
　以前、私はオリンパスをショートしようと思って調べたことがありました。ボストン・サイエンティフィックが内視鏡ビジネスに参入するという報道を聞いた時です。しかし、いくら調べてもオリンパスの内視鏡ビジネスは盤石で隙がありません。ボストン・サイエンティフィックも掛け声ばかりで本気で参入する気が

あるのかどうか確信が持てませんでした。

　500億円の飛ばしの損失を考慮してもPERが高いという理由だけではショートの根拠に欠け、結局断念したという経緯があったのです。つまり、粉飾決算で株価が暴落した時点ですでに十分なリサーチができていました。

　また、オリンパスの粉飾決算報道のさなか、私がスポーツジムでステアマスターをやりながらニュースを見ていると、オリンパスの海外事業特集をやっていました。「ロシアにいかに内視鏡を根付かせるか」みたいな話でしたねえ。「あれっ？」と思いました。上場廃止騒ぎで混乱のさなか、一体だれが何の目的でこんな番組を流したのでしょうか？　オリンパス自身？　それはありえません。テレビ局が断るでしょう。そもそも当時のオリンパスには当事者能力が一切ありませんでしたから。

　私は「官僚だ」と思いましたね。番組を見ていると、どうもある国にオリンパスが進出する際に、経産省と組んで法人を設立しているようなんですよ（よくはわかりませんでしたが）。私は感じました。役所は「上場廃止を望んでない」と。

　もっとも上場廃止になろうと上場維持になろうと「キヤノンがTOBをかける」というのが我々の読み筋でした。キヤノンがライフサイエンス分野を大きく拡大させようとしていたのはよく知られた事実でしたし、オリンパスの経営陣は実体として存在せず、会社として反対できる状態ではありませんでしたから。公取からいちゃもんが付きそうなカメラ事業はどうせ赤字事業なので、それを理由に売っぱらえば一石二鳥だと思いました。

　これは私の邪推ですが、キヤノンがTOBをかけなかったのは、

キヤノンが米国での「株主代表訴訟を気にし過ぎた」のが理由なのでは。私は、米国での株主代表訴訟はあまり心配していませんでした。そもそも株主代表訴訟を経営陣ではなく会社に対して行うのは意味をなさないのです。企業は株主のものだから自分自身を訴えているようなものですからねえ。

　結局、東証は年明けの2012年1月、オリンパスが債務超過ではないことなどを理由に上場維持を決定。株価は急速に反発します。我々は1200円を超えたところで全株売却しました。イベントドリブン型のトレードという位置づけで、あまり長く持つつもりはなかったからです。また、早めに手放したくなった別の理由として、この会社の顧客は病院であり、「病院向けのビジネスには不透明なお金の流れがあるかもしれない」というバイアスを私が持っていたことがあったのかもしれません。その後の株価上昇を考えると、とてももったいないことをしましたね。

　粉飾決算の騒ぎの最中、我々の顧客のスイスのプライベートバンクのファミリーが日本にやってきていたので会いました。その頃は一年に一度、必ず日本に来ていましたが、我々が思いっきりオリンパスをロングしているのをとても心配していました。というのも、彼らは日本株で我々以外にもう一つヘッジファンドを雇っていて、そこはショートしていたらしいのです。だから、そこでオリンパスのネガティブな話を聞かされてすごく心配になったのでしょう。

　私は説明しました。「There is nothing complex. It's a very simple plain-vanilla type of accounting manipulation.」ってことで「もう悪

い話はすべて表に出た。これ以上面倒なことにはならない。株価の反発は強烈になるだろう」と。その後、彼らはもう日本に来なくなりました。もう一方のヘッジファンドが切られたのかどうかはわかりませんが、どうも「わざわざ毎年日本に来なくても日本株は清原に任せとけばいいか」ってことになったみたいです。このファミリーは親父が投資したK1ファンドを後に3人の息子に均等に相続しました。日本でファンドを相続するという話はあまり聞いたことがありません。それがスイスのプライベートバンクの文化なのですかねえ。いったん信頼すると、代をまたいで付き合うっていう。

UTグループ（2146）

すでに売ってしまいましたが、社長の実力、年齢、心構え、業界の構造（規模のメリットがある）を考えると、まだまだ成長できるのではないかと思っています。

UTグループは製造業向けの派遣会社です。我々が社長のスモールミーティングに初めて参加したのは2010年のことでした。リーマンショックで日本の製造業が一斉に派遣切りをしたため、2009年3月期には100億円以上の当期損失となり、まともに機関投資家が投資できる銘柄だとは思われていませんでした。

株式を購入し始めたのは2012年のことです。その当時、株価は250円、PERは7.2倍でした（分割後の今の基準）。リーマンショック時よりは株価は戻していましたが、まだリーマンショック以前の4分の1の水準で、その成長性を考えれば十分安いと判断したのです。

　なかなか大量には買えない株でしたが、2012年に尖閣諸島国有化による中国での反日デモがあり、日本製品の不買運動で日本の製造業は被害を受け、派遣切りで株価が下落。我々はチャンスだと思って買い進めます。2012年の12月には保有株数が発行済みの５％を超えました。

　その後、株価は順調に上がり始めていましたが事件が起きます。2016年５月の決算発表時に、15％のダイリューションを伴う、市場価格の10分の１以下の新株予約権が役員に発行されます。既存の株主にとっては強烈にネガティブな話です。750円まで順調に上昇していた株価は、一気に400円に暴落しました。我々は会社に抗議しましたが後の祭りです。

　しかし、買い始めてから４年がたち、我々の派遣業に対する理解も進み、そのころにはこの会社は成長企業であると自信が持てるようになっていました。それと、このような新株予約権の唐突な発行は、彼ら自身、中期的な業績に自信があることを意味するのではないかと思いました。役員向けに新株を発行しても会社にはお金がほとんど入ってきませんから。資金調達が目的ではないわけですよ。目的はただ一つ、「役員が儲けること」だと思いました。

　ここで我々は思いっきり買うことを決断します。新株予約権発行の１ヵ月後、我々の持ち分は発行済みの16.7％にまで上昇。414円で買いを終了しました。もっと買いたかったのですが株価がするする上がっていってもう安く買えなくなったのです。

　浮動株のほとんどを我々が買い集めた結果、需給がタイトになります。すると、株価が好業績に反応しやすくなり、その後も株

価は上昇し続けました。そして2017年、株価が1547円の時に少しずつ売却を開始。同年11月、すべて売り終わった時には株価3010円、PER34.5倍になっていました。1銘柄で100億円以上儲けた成功事例です。「Valuationの梯子を上った」というより「Valuationの階段を一気に駆け上がった」というイメージですね。

この会社の魅力は、何といっても社長の「ガッツ」と「能力」でしょう。ライブドアショックとリーマンショックで瀕死状態になった会社を立て直した迫力がありました。本格的な登山にも成功している方で体力もバッチリです。また、当時、民主党政権下で派遣事業者に対する非難が強まるなかでも、自民党への政権交代を見据えて冷静に事業戦略を策定しておられました。

社長の実力以外で申し上げれば、この業界は小型株の章(第3章)で書いた「正のフィードバックが働く」業界であったということです。会社が大きくなればなるほど成長に弾みがつく、ということです。社員の稼働率を上げるためにも、社員を教育するためにも規模が大きくなることは大事です。また、大企業は「まとめて人の準備ができる大手派遣業者」に集中して発注したがります。コンプライアンスがしっかりしていることも大手有利な理由です。

私は、UTグループ株を購入する際に、自動車産業にも注目していました。EV化が進む中で多くの部品会社は将来が見通しにくくなります。自動車メーカーもかつてないほどの不透明感に悩まされることになるでしょう。従って、派遣の需要は増えるだろうと。また、自動車業界でこれまで主流だった直接雇用の「期間工」は採用・管理が面倒で、そのうち派遣に代わっていくだろう

と思っていました。「グループ企業内派遣の禁止」とか「派遣事業者が許可制になった」といった政策面での変化などもUTにとっては追い風だったと思います。

　我々は、買い始めた当初は派遣業界について詳しく分析していませんでした。「ひょっとしてこの会社は成長するかも。いったん成長すると弾みがつく業態かもしれないなあ。とにかく株価が安すぎるから、とりあえず買わなきゃ」という感じだったと思います。しかし社長さんと何回か会い、会社のIR担当者から話を聞き、同業他社の株も買って勉強を続けることでベイジアン的に「成長株である可能性」を上方修正し続けたのです。

プレサンスコーポレーション（3254）

　我々が目をつけた2008年の段階では、PERは５倍でした。この会社の場合、だいたい年２割ずつ増益になるものですから、the valuation ladderを上っていくというよりEPSの上昇で株価が上昇したという感じです。

　結局、我々が保有している間、アナリストのコメントはほとんどありませんでした。アナリストによる正式なフォローもゼロです。大阪のワンルームマンションのデベロッパーですから無理もありませんが。我々が保有する間も、PERが７倍に切り上がった程度だったと思います。この銘柄での儲けは３つのファンド合計で250億円以上、１銘柄としては最大の儲けです。

　この会社は期初の業績予想をコンサバに出す癖があります。前期２割増益の後に、「今期業績は横ばい予想」とか出すものですから株価はしょっちゅう暴落していました。それで、我々はまた

いっぱい買い増すわけです。すると、今度は第2四半期決算の時に半期で通期の利益予想をすでに上回ってしまい、株価はまた暴騰します。そこで我々は今度は売らせてもらって、みたいなことを3回ぐらい繰り返したのですよ。大量に保有している小型株で何回も売り買いして大儲けできることなどめったにありません。

さらにこの銘柄では、とんでもないおまけが2つ付いてきて儲けが跳ね上がりました。「社長の逮捕」とその後の「TOB」です。

社長は土地の仕入れに関してはとてもアグレッシブな方でした。土地の仕入れを増やさなければ業績は伸びません。この会社は猪突猛進型のY社長と頭脳のD専務という最高のコンビで業績を伸ばしてきました。私はまっすぐなキャラクターの社長が好きでした。ところが、ある学校法人からの土地の仕入れに関して警察から物言いがつきY社長が逮捕されてしまったのです。

結局、無罪となりましたが、社長は持ち株を売られ辞任しました。さぞ無念だったでしょう。会社の成長を生きがいにしていた社長から一番大事なものを取り上げたのですから、あまりにも残酷な仕打ちです。今までこんなに頑張って会社を大きくしてきたのに。

我々は、逮捕で暴落した株をまた思いっきり買い増しました。ほどなくオープンハウスがTOBをかけ、我々は全株売却、我々にとってのプレサンスの運用は終了しました。

ファンダメンタルの見地からこの会社を説明するとこうなります。リーマンショックで近畿地区の大半のワンルームデベロッパーは手足の出ない状態に陥りました。廃業、倒産した不動産会社

もいっぱいあったのだと思います。

　BSが盤石なプレサンスにとってはこれがチャンスです。アグレッシブなY社長はこのチャンスを逃しませんでした。競合が激減する中で土地を大量に安値で仕入れ続けます。

　そして、その地区での市場シェアが上がってくると変化が訪れます。土地仕入れの交渉力と、地場のゼネコンに対する交渉力が格段に上昇したのです。土地の仕入れ業者からすると、プレサンスに持っていけば即断即決。より重要なのは後者です。地場のゼネコンにとって困るのは仕事に空きが出ることです。職人さんを雇っていますからねえ。仕事と仕事の合間が長引くとその分赤字が大きくなります。彼らにしてみれば「プレサンスにしがみついていれば仕事が切れることはない」となるわけです。地場ゼネコンにしてみれば、プレサンスのシェアが拡大すれば他のマンションデベの仕事を請け負う必要がなくなります。さらに、「プレサンスの競合の仕事を請け負ってプレサンスに干されるとマズイ」ということにもなるでしょう。そういうわけでシェアの上昇とともに、地場のゼネコンをより有利な条件で利用できるようになっていきます。

　プレサンスは土地を仕入れる時、地場のゼネコンと建設コストを握ります。正式な契約ではないかもしれませんが建築コストを約束させるのです。そしてシェアが高いのでこの場所で入居者を確保するためにはどのぐらいの賃料設定にすべきかも他社以上にわかります（プレサンスは販売を自前で行っていて販売業者に丸投げはしません。だから賃貸市場の状況が把握できるのです）。そこから逆算していくとどれだけの値段が入札で出せるかもわか

ります。そうやって本来リスクの高い事業ですが、リスクを減らして安定的に利益を伸ばし続けてきました。

　シェアが高いことのメリットは他にもあります。マンションを売るときは一物件につき一つの展示場を設置します。このコストがばかにならないのです。プレサンスほどシェアが高くなると、同じ町で何軒かの建築中物件がありますから複数のマンションの展示場を１ヵ所に集約でき、大きなコスト減を実現できます。正のフィードバック作用が思いっきり利いたわけですが、「優秀な経営陣が正のフィードバックを手繰り寄せた」といったほうがより実態を表しているのかもしれません。

　また、この会社はファミリーマンションの事業もやっていますが、土地仕入れの段階からどのぐらいの値段で売れるかしっかりと計算しています。特に関西の学校区の状態を綿密に調査していました。ファミリー層はよりレベルの高い学校区へと流れていくからです。そこに目を付け、チラシを広範囲にただばらまくのではなく、ターゲットを絞って効果的に配るということを行っていました。要するにＹ元社長とＤ元専務が作り上げたこの会社は超優良企業だったのですよ。

第7章

実践のハイライト
ショート・ペアートレード

個人投資家には個別銘柄のショートは勧められない

「ショートで儲けた時とロングで儲けた時、どっちがより嬉しい？」

Fund of Funds（顧客からお金を集めて複数のヘッジファンドに投資するファンド）に聞かれたことがあります。私は、「ショートで儲けた時のほうが嬉しい。でも、その気持ちが危険なことは理解しているつもりだ」と答えました。

たぶんこの問いには正しい答えはないと思います。相手がどう答えるか、その様子を見ながら「こいつはどういうやつなんだ？」と見定めていたのだと思うのですよ。もし、「ロングで儲けるほうが嬉しい」と答えたら「こいつは不正直な奴だ」と相手に思われたかもしれません。それだけショートの魅力は大きいのです。誰だって「みんなが損している時、自分だけは儲かった」というのは気持ちいいじゃないですか。

結論から先に言いますが、個人投資家の方が個別株のショート（信用取引口座での空売り）をするのは勧められません。ロングの最大リスクは投資した企業が倒産した時ですから投資金額分です。一方、空売りのリスクは無限大です。ほかにも私が個人投資家の方に個別株のショートを勧めない理由はありますが、それは後述します。

そもそも割安小型株に投資していればヘッジの必要などないのです。持っている株が高騰すれば利食えばいいだけの話だし、株価が下がればそこでまた買い増せばいいだけの話です。

その意味でも、個人投資家の方がプロの投資家になるのはお勧めできません。ほかに仕事を持っていて収入がないと、底値だと

思って全財産をつぎ込んだ時、さらに下がったらもう手も足も出ないじゃないですか。ほかに収入があれば自由度が飛躍的に上がります。

ヘッジファンドの我々もショートの失敗で散々な目にあってきました。でもヘッジファンドはマーケティング上、「うちはショートもするので相場が下がっても儲けますよ」と言わなければなりません。成功報酬を20％も取るのですから。そのぐらい言わないと。でも、何回も言わせていただきますが、私の経験ではそれはとんでもない嘘っぱちです。少なくともうちは「相場が上がっても下がっても損した」なんてしょっちゅうでしたからねえ。

ショートの分散投資はおろかな行為

我々がショートで2回大きくやられたことはすでに書きました。ITバブルでのハイテク株ショート、そして強烈な外国人投資家の買いのさなかに「外国人投資家好み」の割高銘柄をたくさんショートした時です。

リーマンショックを経て、我々はようやく「ショートって何の意味があるの？」と気づきました。特に相場が暴落した時、ショートを維持するのはとても有害です。リーマンショックとコロナのパンデミック時には、我々はショートをゼロにしましたが大正解だったと思います。相場が暴落した後ではいかに大きなロングポジションを持てるかがポイントとなります。リーマンショック時のGSもそうでしたが相場が暴落するときお金を喜んで貸してくれるプライムブローカーなどありません。ショートポジションがあるとその分マージンを食われるので最大限投資できるロング

255

ポジションの枠が減ってしまいます。またショートがあると株価が反発したとき一気にマージンがきつくなりロングポジションを減らさなければならなくなるかもしれません。

　おかげで我々は、相場の底値から株価が少々反発してもロングポジションを売る必要がまったくありませんでした。2倍、3倍になる株を20％上がったところで売っていたら株で大儲けなんかできません。それがその後の大きなブル相場を満喫できた理由です。

　リーマンショック後はバスケット（分散投資）でのショートはやめ、基本ショートポジションはゼロか1～2銘柄、最大3銘柄にしました。自信のあるアイデアで、インパクトのある大きなポジションを取ることにしたのです。

　結果、とてもうまくいきましたが、このやり方でのトップバッターになった「ファーストリテイリング」（以下ユニクロと呼びます）だけは大きな損失を出しました。

　そもそも我々のようなバリュー投資家がバスケットでショートポジションを取るのには大きな矛盾があります。

　まずロングについて考えましょう。10億円のファンドで10銘柄1億円ずつ買ったとしましょう。そのうち一社は株価が2倍になり、一社は株価が半値になったとします。その時点では企業のファンダメンタルの見通しは変わらないものとしましょう。すると、倍になった株を半分売って、そのお金で半値になった（つまりもっと割安になった）株を同じ株数買えばポートフォリオのバランスは大雑把に言えば元通りになります（少し現金は余りますが）。つまり、分散投資とバリュー投資の整合性が取れるのです。

でも、１億円ずつ10銘柄ショートした場合はどうでしょうか？

１銘柄の株価が倍になり、その他の割高な株がさらに割高になったら？　バリュー投資の観点からはもっと売るべきということなのでしょうが、すでにこの１銘柄でポートフォリオの20％を占めています。分散投資の観点からは買い戻さなければならないでしょう。

逆に半値になった株はどうでしょうか？　10％に復帰させるためには追加で同じ株数を半値で空売らないといけません。でも、半値になった株は当初より割高ではなくなっています。つまり、**ショートのバスケットはバリュー投資と分散投資の整合性が取れない**のです。

バスケットでのショートをやめたのはこれだけが原因ではありません。基本的に日本の金利が低位安定する見込みなら日本株は全体として割安です。だから戦略としては「特別に割高な銘柄だけ」をopportunisticに売ろう（いい機会があれば売ろう、チャンスがなければ空売りはしなくていい）と考えました。ほとんどイベントドリブン的な感じですね。

リスクの観点から見ても、10億円、10銘柄、合計100億円空売るよりも、１銘柄50億円空売ったほうがリスクは少ないと思います。結局、2000年のITバブルの時、数多くのIT企業の株を分散して空売りましたが、みんな同じように株価が上がって分散効果はほぼゼロでした。

その後の外国人投資家買いで相場がバブった時は、前の失敗を踏まえ、割高大型株10銘柄以上を空売りし、業種もちゃんと分散しました。でも、その分散されているはずの銘柄群には一つ大

きな共通点がありました。それはすべて外国人好みの銘柄だったということです。だからこそPERが高かったわけです。その銘柄群は外国人が買うと基本すべて上がるので分散投資の効果はほとんどなしでした。

このように、バスケットでのショートは愚かな行為だったと思っています。株式相場がバブルになってどうしても市場全体が下がりそうなので空売りで儲けたいと思えば日経225株価指数先物を売ったほうがマシかもしれません。

ユニクロ

そもそも「ユニクロ」に目を付けたのは、2010年12月に日銀のETF買いが始まり、日経225指数の中でも構成比が大きい一部の銘柄の値上がりが顕著だったからです。その中で「valuationが特に高く」「ソフトバンクみたいに訳のわからない会社でもない」ということで、ユニクロに白羽の矢を立てました。

当時、日銀は日経225ETFを50％、TOPIX ETFを50％ずつ買っていましたが、私は日銀がその誤りにすぐ気が付きTOPIXのETF中心に切り替えると予想していました。

2010年から始まったETF買いは、2013年黒田総裁になると加速してきました。私は2〜3年すれば日経225のETF買いはなくなり、TOPIXのETFが中心になって「ユニクロ」の株価がピークを打つと期待していました。そうでなくても株価は十分割高だ、と誤った判断をしていたのです。ファンダメンタルの見通しについても「成長はもう頭打ち」と勘違いしていて、自信をもって100億円以上の巨大なショートポジションを構築しました。

　結果は惨敗。一銘柄のショートでは最大の62億円の損失となりました。日銀がETF買いの重心をTOPIXに移したのは、ETF買いが始まってから10年後の2020年になってからです。とうの昔に、私は敗北を認めて全株買い戻していました。「他人がどう思うか？」「他人はこう考えこう行動するはずだ」なんて勝手に決めつけちゃいけないってことですよね。「策士、策に溺れる」ということですよ。大失敗でした。

　ファンダメンタルの見通しで私が誤ったのは、ひとえにユニクロの実力を過小評価していたからです。私は次のように思っていました。

図表12

日本	市場は飽和
中国	偽物商品の蔓延
東南アジア、南アジア	暑いので儲かる冬物商品売れず
北米、ユーロ	サイズも体型も違うのでうまくいかないだろう

　だいたいこんな感じですかねえ。でも、細かいことは置いておいて、ユニクロという会社は「頑張るし、頑張れるだけの実力がある」ということなんだと思います。言い換えれば「優秀な人材が集まり、その優秀な人材を大切にして高いmotivationを持って働いてもらっている会社」だということです。だから、少々の逆境は努力で乗り越えてしまうのです。表面的なvaluationにとらわれ過ぎて人的資本の価値を過小評価していたということだったの

259

でしょう。

日経225指数の闇

「日経225指数」はとても日本人に親しまれている指数です。私でさえ、「今日の相場はどうだった？」と聞かれたら、日経がいくら上がったか下がったかで答えます。

でも、時価総額ウエイトではないので、そのETFを大量に買えば市場に大きなゆがみが生じます。時価総額のウエイトに比べて日経225指数内でのウエイトが高いと日経225のETFが大量に買われたとき株価が不自然に上がってしまうのです。

それだけではありません。これまでの一番大きい実害は日経225指数に巨額のデリバティブ（金融派生商品）が様々な形でぶら下がっていて、日経225指数が大手証券会社の自己勘定部門に引け値操作をされてきた（想像ですが）ということではないでしょうか？

実例ではありませんが極端な例で説明します。昔、「タッチオプション（Knock-in, Knock-out optionとも呼ばれます）」を組み入れた仕組債（一般的な債券とは異なり、オプションなどを組み込んだ債券）が流行りました。たとえば、次ページのようなものです。

図表13

額面	1000億円	クーポン(利率)	2.5%
通貨	円	期間	5年債
償還	額面		

※ただし、5年以内に日経225指数が引け値ベースで1万5000円以下になるか、
4万8000円以上になった場合は即償還で、償還金額は額面の半分。

　人々は将来の株価変動を本能的に過小評価します。人は、目に
見えているリスクしか評価しませんからねえ。思いもよらぬリス
クは評価できないから当然ですよね。だから、オプションの売り
ポジションを組み込んだクーポン（利率）が高めの仕組債が日本
でよく売れるのです。タッチオプションというのはその極め付き
です。

　まさかそんなことは起きないだろうと思いがちなのですが、意
外と確率は高いのですよ。コロナのパンデミックなんて予想でき
た人はいませんでしたし。そうなって欲しくないのですが、ロシ
アが核を使って核戦争が起きるかもしれません。逆に日本株がバ
ブルになって過去最高値を更新するかもしれません。今の日本の
金利を前提にすれば日本株は倍になってもおかしくはないですか
ら。

　では、仮に3年後に核戦争になって日経225指数が引け値近く
で1万5100円になったとしましょうか。すると、証券会社のト
レーダーには100億円ぐらいを使って引け値を1万5000円以下に
持っていく動機が生まれます。成功すれば500億円儲かりますか
ら。100 ／ 15000 = 0.0067ですから、0.67％日経225指数を押し下

げればいいのです。日経225指数の上位5社で指数全体のウエイトの25％ほどになります。従って、その5銘柄を20億円ずつ大引けにかけて空売って2.7％押し下げればいいのです。

もちろん、無茶な売り方をするわけですから翌日買い戻したら損失が出ます。翌日の上げは2.7％以上になるでしょう。でも、仮に3％やられたとしても3億円のロスです。それで500億円儲かるのだから損失なんかどうでもいい話です（実際には、証券会社はダイナミックヘッジングを行うので500億円儲かるわけではありません。難しい話なのでここでは省きます）。

このように、日経225指数にデリバティブがいっぱいぶら下がっていることによって不正が起きやすい状況が生まれているのではないかと私は危惧しているわけです（一昔前に比べれば今はマシになっているとは思いますが）。

ようやく日経225指数に任天堂とキーエンスが入ることになりましたが、「株価換算係数」を0.1にするとか訳がわかりませんねえ。なぜ新規に入ってくる銘柄だけ株価換算係数を適用するのでしょうか。

ようやくわかったショートの勝ち方

ユニクロの後は、ショートは全戦全勝です。ポイントはショート銘柄の「割高さ」だけではなく、出来高急増で表される「過熱感」とショートポジションの買い戻しによる「株価ピークの形成」です。出来高は銘柄によって異なりますが、東証一部で出来高が一番とか二番になるとすごくうれしいですねえ。空売りの機会到来って感じです。

　空売りの状況はプライムブローカーに聞くとだいたいわかります。これが、私が個人投資家にショートをオススメしない一番重要なポイントでもあります。海外には日本株の大きな貸株市場が存在します。その大きさは日本の信用取引での空売り規模をはるかに上回ります。後で説明するイオン（8267）は、現在これを書いている時点で日本の信用取引の売り残高は158万株です。一方、私がK1ファンドで空売っていた時は海外で3000万株から6000万株が空売られていました。

　プライムブローカーは「Markit」とか「DataLend」といった貸し株データベンダーからデータを買っています。契約上、数字そのものは教えてもらえませんが、ヘッジファンドはある銘柄がだいたいどの程度空売られているのか、空売りは減りつつあるのか増えつつあるのかをプライムブローカーに聞くことができます。この情報なしで空売りするのはあまりにも無謀です。

　日本の個人投資家しか売り買いしない銘柄であれば例外的に信用取引情報だけでもいいのかもしれませんが、ほとんどの銘柄では海外の空売り残高が国内の信用取引での空売り残高を大幅に上回っています。

　従って、日本の個人投資家は個別銘柄の空売りにおいてはとても不利な立場にあるわけです。我々は人気が出て出来高急増、株価も高騰した銘柄を「空売りの候補」としてフォローし始めますが、海外での借株の状況の把握に努めます。株価が上がってきてPERが40倍を超えてきたりすると空売りが増えてきます。この段階では、我々はまだ空売りはしません。空売りが徐々に増えていって株価が上がり続けると、最後には空売っていたヘッジファン

ドが我慢できずにあきらめて買い戻します。そこが株価のピークになる可能性が高いのです。その買い戻しにショートをぶつけていくのが一番成功の確率が高い方法だと思っています。我々が売ってからさらに空売りの買い戻しが入って株価が上がると怖いので、だいたいショートの残高がピークから半分以下になったところから少しずつ売り始めます。

ユニクロ以降のショートは、すべてこのタイミングを狙いました。従って、海外の借株情報がないと我々はショートができないことになります。

海外の借株のレートはとても安定しているし、借株の状況をプライムブローカーが教えてくれます。この株なら40ベーシス（年0.4％）で1000万株借りられるとか。この株は今、20万株１％で借りられるけど出し手がunstable（長期的な投資家ではない）なのでrecall（「返せ」と言われる）がかかるかもしれないとか。だから、とっても使い勝手がいいんです。

その真逆が日証金です。最近では日証金の逆日歩というのは少しは改善してきたのでしょうか。少なくとも昔は酷かったです。逆日歩なんて突然ですし、あらかじめどのぐらい借りられるかなんてわからないし。日証金はこの数十年、何をしてきたんですかねえ。海外の貸株市場がどんどん整備されてきて使いやすくなっているのを横目に見ながら何にもしてこなかった責任は重いのではないでしょうか。

ショートの成功事例

割合大きなショートポジションで儲かった例を挙げてみます。

すべてリーマンショック後のものです。

●ファナック（6954）、ブラザー（6448）

この2社は、スマートフォン向け「ロボドリル」が中国でバカ売れして大儲けし、株価が急騰した銘柄です。ロボドリルとは、携帯電話の裏のアルミの板を削り出す機械です。ただ所詮、機械設備ですから、ブームが短命に終わることは明白でした。仮にスマホのブームが続いても機械設備の売上は落ちてくるので。これは空売らない手はないわ、と思いました。

さらに私は、将来5Gになったときに携帯電話の裏は金属でなくなると思っていたんですよ（信号を反射するとかの理由で）。その時はプラスチックになると思っていたので射出成形機の株を買いました。ペアートレードというわけではありませんでしたが、両方で儲けようとしたのです。

ファンドを始めたころ、エスケー化研の社長に会って話しましたが、その社長に「化学は化ける。何でもできる」みたいなことを言われて、それが頭に残っていてバイアスがかかっていたのでしょう。結果、アップルのiPhoneはプラスチックではなくガラスになってしまい射出成形機のほうははずれでしたが、ショートはほぼピークで売ってきれいに儲かりました。

●アインホールディングス（9627）

薬局チェーンのアインホールディングスは、アナリストが勧めたことで株価が高騰。PER40倍とかなり割高になりました。他の薬局チェーンは、せいぜいPER20倍程度でアインの割高さは突出

265

していました。

アインは基本、門前薬局（病院の前に構える調剤薬局）です。ウエルシアのように住宅地に調剤薬局（薬局の中に調剤部門がある）を展開するケースがどんどん増えている中、私は門前薬局のシェアは落ちると考えていました。国の政策としても、門前薬局から住宅地立地型のかかりつけ薬局へと患者を誘導したがっていましたから。

さらに、新薬の中で抗体医薬のシェアが激増していたのも空売りの理由です。そのうち薬全体に占める抗体医薬の割合も増えていくだろうと。抗体医薬はたんぱく質なので注射薬であり、薬局では打てません。そこも、長期的に見て門前薬局にはネガティブなポイントだと思いました。この銘柄も空売り情報をモニターして、ピークで空売りました。

● **安川電機（6506）**

安川電機は、まさに「テーマ型投資信託」で株価がブチ上がった銘柄です。テーマは「ロボット」。4000億円級の投資信託がいくつか誕生し、思った以上に株価が上がりました。2017年夏から2018年1月までの6ヵ月余りの間に株価は2500円から6000円に急騰。我々は空売りの買い戻しに合わせて5500円台から空売りで参戦しましたが、勢いは思ったより強く株価は上がり続けます。借株が楽な銘柄だったのでどんどん売り上がってピーク近辺でもいっぱい売りました。これが「テーマ型投信」の醍醐味です。

株価は2018年の1月にピークを打つと、その後暴落。同じ年

の冬には3000円を切りました。我々は4000円程度で買い戻しましたが。ファンダメンタルで見てケチをつけるべき点は何もなく、ただ「割高だった株がテーマ型投信のためにさらに割高になって最後は空売り筋の買い戻しで火を噴いて上がった」というだけのとてもシンプルな話でした。

●イオン（8267）

　イオンは、キャッシュフローが毎年マイナスで借金が増え続けている会社でした。連結の当期利益も優良子会社が上場しているため、少数株主への利益の流出が大きく、やっと黒字程度といった具合。PERで見るととても割高に見えました。しかも、人口の減り続ける日本で、まだショッピングモールを出そうと新規出店の計画をいっぱい持っていました。

　いつか空売ろうと思っていましたが、空売り残高が多すぎてしばらくはチャンスがありませんでした（空売りの残高が多いと後に買い戻しで株価が上がるリスクが大きい）。最初に目を付けた時は、6000万株程度の空売りが立っていたと思います。何年かたって空売りの買い戻しで株価が上がってきて、空売りの残高も減ってきたので参戦することにしました。確か、空売りは3000万株程度にまで減っていたと思います。我々は800万株近く空売りましたのでかなり大きなポジションでした。

　しかし残念ながら、この株は基本passiveな投資家（インデックスファンド、ETF）と優待券目的の個人投資家しか持っていません。だから、「暖簾に腕押し」「独り相撲」なんですよ。まあ「お客さんがすなわち出資者である生協」みたいな会社ですね。それ

をわかっていながらショートした私はバカでした。

　結局、儲からなかったのですが、アベノミクス相場の後半、相場が大きく上がる中で少ししか株価が上がらなかったので私としては一応成功だったと思うことにしています。最後のトレードがとてもうまくいき、コロナで暴落したところで一気に全部買い戻すことに成功しました。そのため被害は最小限にとどまりました。「コロナで株価が下がったので、空売り筋は買い戻しているだろう」と思ってプライムブローカーに聞いてみるとなんと空売りが「急増」していたのです。ショッピングモールもコロナで相当な被害を受けると踏んでのショートだったのでしょうねえ。「空売りされた割には株価が下がっていないなあ」「それだけこの株を下値で買いたい優待券目当ての個人投資家が多いってことだ」と思いました。激増したショートが空売り筋にとってとても大きなリスクになっていることは明らかでした。

　私は数日でこのポジションを買い戻しましたが、買い戻した値段は1900円から2050円の間だったと思います。平均売りコストは1900円台の下のほうだったと思いますので、若干の損で収まりました。その後1年で株価は急騰。3000円を超え、2021年のピークでは3500円を付けます。その後は急落しましたが、これは明らかに急増していた空売りの買い戻しです。「空売りの情報なしではショートなんか絶対にできない」ことを思い知らされた一件でした。

●日本M&Aセンターホールディングス（2127）
　2020年の後半、コロナで下がった相場の戻りの中でひときわ

輝いた銘柄です。当期利益100億円に対し、時価総額1兆2000億円というバカげた評価になっていました。当時のSBIホールディングスの時価総額の1.8倍です。確かに急成長している会社でしたが、競合する会社も次々と上場してきているため、そのうち競合が激化してくる業界だと思われました。

この会社は、とにかく高い給料を成功報酬として払って人をかき集めていました。しかし、その従業員がバカ高い株価を見て、「俺たちも会社を作って同じことをやって上場しよう」と将来の敵になるわけですよ。営業という仕事は、後から入った人には「肥沃なテリトリー」は割り当てられませんからね。余計に「やめて暴れてやるか」ということになるわけです。

それと私は、この業界ではインセンティブを与えすぎて営業が必死に働くために需要を先食いしているのではないかと思ったのです。中小企業の継承というのは昔からあったニーズです。それがここにきてビジネスとして思いっきり花開いた事実をどう解釈すればいいのでしょうか？　確かに70歳になったらどの社長さんも事業を売却するなら、将来も業績は横ばいを維持できるでしょう。大東建託さんなんかは土地活用をしたい老人が毎年ほぼ同じ数出てきて業績は定常状態に入っていますよねえ。業績はほぼ横ばいです。PERは13倍ぐらいで安定していてとても納得のいく株価水準になっています。

日本M&Aセンターが需要を先食いしているとすれば、どこかで減益になることも十分にあると思いました。先ほどのように、経営者が70歳で引退して事業を売るというのを基準に考えると、この業界が勃興する前は75歳まで頑張っている社長がいて、そ

の分を今、需要として取り込んでいるのではないか、あるいは営業が頑張って65歳で会社を売らせたりしていないか、と。70歳で売るのが定常状態だとすると、今は先食いをしてそれ以上の売上が上がっているのでは？　これが私の仮説でした。

　また、これだけ株価が高いと、会長や社長が株を相続する時、市場で売却するしか手がなくなりますからねえ。こんなに高い株価では自社株買いはできないし。この「自社株買いに頼れず市場で売却するしかなく株価が下がるリスク」は次に紹介するレーザーテックで顕在化します。

　結局、株価は「粉飾決算」で暴落。ピークの4分の1近くまで下がりました。私は本能的にピーク近くで少し空売りましたが、もうこの時点では空売りで大きな勝負をする気力を失っていました。私が引退を考える原因になった一件です。

●レーザーテック（6920）

　2020年には2000円だった株価は、受注の大幅な積み上がりで急成長が期待され、半導体関連株ブームの中心銘柄として急騰。2021年11月には3万6000円となりました。急成長しているので、PERはいつのEPSを使うかで大きく変わるためよくわかりませんが、一応、150倍ぐらいだったとしましょうか。問題はPBRが40倍もあったということです。

　このショートのアイデアはファンダメンタルのアイデアではありません。純粋に相続税の問題です。2022年6月の株主名簿では4位株主が個人の女性の方で、持ち株は発行済み株数の4.24％でした。おそらく、この方はお亡くなりになられた創業者の妻の

方だと思われます。妻への相続の際には相続税はかかりませんが（法定相続分についての話ですが）、この方がお亡くなりになるとそうはいきません。膨大な相続税が発生します。オーナー経営者の奥さんの持ち株なので敬意を表して「自社株買いで対応しようか」と思っても３万6000円で自社株買いをしてその株を消却すると、会社は大幅な債務超過になるのでそれはできません。財団を設立する手もありますが、それを準備している様子もないし。「やはり奥さんが亡くなられたら、市場で株式を売却するしかないのでは？」と思い、ピーク近くの株価でちょっとだけ空売りしました。もちろん借株の状況をちゃんとモニターしながらですよ。

　でも、日本M&Aセンターの時と同じで思いっきりはやりませんでした。数億円の儲けで手仕舞いました。すると、2022年の12月にその方が本当に亡くなられたんですよ。2022年の株主名簿だと３人のご子息に相続されたようですが、おそらく株をある程度市場で売却しないと相続税は払えないのでは。上場株は、相続してすぐ売ると少し相続税が安くなるので、ご子息の方はすでに売ってしまっているのかもしれませんが。５％以内の持ち株比率なので開示がなくわかりません。

　このようなオーナー経営者やその親族が大株主の場合、相続の問題は株価にとってとても大事なポイントです。我々が買っているような小型株でネットキャッシュ比率の高い銘柄であれば、このようなケースでは自社株買いになるケースが多いでしょう。オーナー家に敬意を示すため、安い株価でのMBOとかTOBにはならないと思います。買取価格は最低PBR1倍ぐらいにはするのでは。逆にレーザーテックのような場合では基本市場で売却するし

かなく、株価の動きは真逆になるわけです。

●日本風力開発（2766）

　当初、この会社のことを書こうとは思っていませんでした。でも、贈収賄事件で最近話題になっているので付け加えます。そもそも割高な銘柄でしたが、時価総額は1000億円にも満たず、大量に借株ができる銘柄でもありません。そのため、我々のショートポジションも大儲けできるほど大きくはなく、株価は暴落しましたが儲けは10億円以下だったと思います。

　2009年3月期の決算発表で利益が倍になり、さらに2010年3月も増収増益予想だったので株価は暴騰し始めました。予想をベースにPERで40倍まで買われました。それで調べ始めてみると、なんだか利益の出方がおかしいのです。「発電機等の取り扱い収入」というのがとても大きく、それを除くと利益はほとんど出ていませんでした。

　この「発電機等の取り扱い収入」というのは、子会社が建設会社から「風車を含めた設備一式」を買う際に発電機メーカーから日本風力開発に支払われる手数料です。その金額が小さければ問題ないでしょうが手数料にしては大きすぎます。要するに、風力発電子会社が風車を買う際に親会社の日本風力開発が実態としてスプレッドを抜いているのです。たとえば、一機1億円の風車があったとしましょう。子会社（実際は子会社に風車を収める建設会社）はそれを1億1000万円で買います。それと同時に、風力発電機メーカーは日本風力開発に1000万円手数料を払います。本来なら、子会社のバランスシートに1億円の風車の資産を計上

するのに、スプレッドを乗せた1億1000万円を計上し、差分の1000万円を親会社が利益計上していたわけです。

　私は、これを一種の「粉飾決算」ではないかと思いました。とりあえず借りられるだけショートしてから、この会社の会計処理の是非を問うために金融庁に告発することにしました。匿名ではなく実名で、我々がショートしていることも明らかにしたうえです。

　我々は不正会計を暴いて空売りで儲けようとする「空売り専門のヘッジファンド」ではありません。そのような専門性は持ち合わせていませんし、積極的にそれを狙って儲けようとも思いません（日本は粉飾決算が少なく、そのような戦略が割に合わないのと私の性格にも合わないからです）。ただ、割高だと思って調べ始めていたらたまたま出くわしました。25年間で我々が金融庁に不正会計を告発したのはたった2回だけです。もう一方は、より規模の大きい粉飾決算だと思うのですが監査法人が問題視しなかったこともあり、何事もなく何年もたっています。

　その後は、金融庁が我々に何かを言ってくるわけではなく、何事もなかったように時が流れました。ところが、疑惑の決算から1年経った2010年3月31日、日本風力開発の主幹事の大和証券から驚きのレポートが出ます。新規カバレッジでレーティングが「4」。5段階評価で下から2番目です。普通、アナリストは4という評価はつけません。会社と険悪な関係になってしまって情報が取りにくくなるからです。レポートの中身には、我々の論点も簡単に書かれていました。そして同年6月には、今度は監査法人と会社の意見が合わず監査法人を解任。有価証券報告書の提出が

遅れ「監理銘柄」に指定されてしまいます。株価は当然暴落し、我々はさっさと全株買い戻してこの件は終わりにしました。

しかし、我々にとっては終わった話でも金融庁にとっては終わった話ではなかったのです。最近、昔の資料を探してわかったことですが、2014年（粉飾決算から5年後）に有価証券報告書の虚偽記載で約4億円の課徴金が課せられていたのですね。私は知らなかったか忘れたかのどっちかで、このことは頭からすっぽり抜け落ちていました。

その時の課徴金納付命令の資料を今読んで思ったのですが、会社側が違法性を完全否認するものですから、金融庁も徹底的に細かいことまで調べなければならず本当に大変だったと思います。この会社はおそらく、自分でやましいことをやっているのはわかっていて、だからこそ指摘を受けた時に反論できるよう一応屁理屈を準備していたのでしょう。金融庁はその屁理屈に付き合っていちいち反論しなければいけないし、しかも課徴金を不服として会社側が裁判に訴えるというオマケまでついてきましたから。今度は裁判官まで巻き込んでとんでもない時間とエネルギーの浪費になりました。金融庁の方と裁判官には「本当にご苦労さんでした」と言いたいです。今度の事件もややこしいことにならないといいですね。

ペアートレード

ペアートレード（スプレッドトレードとも呼ぶ）とは、相対的にA株のパフォーマンスがB株よりいいだろうという見通しがある場合、A株を買ってB株を空売りする戦略です。例えば、ホン

ダの業績見通しには強気だが日産には弱気だ、といった場合「ホンダロング・日産ショート」のポジションを同額だけ同時に作ります。

　ホンダに強気で、ただホンダをロングするだけでは、例えば円高が急速に進んだ時や米国景気が急減速した際、あるいは相場全体が暴落した時に損失をこうむる可能性が高くなります。そのようなファクターを排除するために、似たような立ち位置にある会社の空売りでヘッジするわけです。

　前にも書きましたが、我々はもともとロングとショートの金額が同じになる運用は考えていませんでしたし、ましてや同じ業界で2銘柄ロングとショートする銘柄を選んでペアートレードにするという発想はありませんでした。これは確かに、対顧客でプレゼンする際には説得力があって受けやすくなります。「相場が上がっても下がっても儲かります」というピッチでプレゼンするわけですから。

　しかし、この厳格なペアートレードのロング・ショート運用は儲かりません。あるいは儲かってもリターンが低いのです。まず、同じ業種内で大きくvaluationに差があることは珍しく、仮にあってもそこにはちゃんとした合理的理由があることがほとんどです。それにA株をロングしてB株をショートし、後で反対売買によって手仕舞うと合計4回トレードすることになります。4回手数料を払い、マーケットインパクトも4回受けることになるので取引コストが高くつくのです。

　我々はファンドの歴史25年でペアートレードをやったのはたった2回だけです。しかし、両方ともかなり大きい金額で行い、

とても大きいリターンをもたらしました。

　ペアートレードというのは、チャンスがある時にopportunistic
に使えばいいわけで、最初からその戦略を前面に押し出して「資
金集め」をすべきではないと思います。いいペアートレードのチ
ャンスがない時に無理やりペアートレードのポジションをいっぱ
い作っても手数料倒れになってパフォーマンスは上がらないでし
ょう。

ペアートレード① アコム vs. アイフル

　ファンドの運用が始まって間もなく、最高のペアートレードの
チャンスが訪れました。消費者金融のアイフルが店頭登録市場に
上場してきました。高成長しているにもかかわらずIPO直後から
PERは 8 倍程度ととても低く、我々の目を引きました。当時は
「店頭登録銘柄」は機関投資家で買えないところが多かったのが
低評価の理由です。

　一方、アコムは機関投資家銘柄でPERが17倍ぐらいあったと思
います。成長率はアイフルのほうが高いのに評価は低いというあ
べこべな株価になっていました。アコムは機関投資家銘柄だった
し、外国人投資家も持っていたので借株も比較的容易でかなり大
きいショートポジションを取ることができました。

　まだ消費者金融業界が社会問題になる前の1990年代後半でし
たから、業界としてもまだ成長が見込めました。たしか、アイフ
ルロング12に対しアコムショート10といったロングに少し傾い
た割合ではなかったかと思います。当時、アイフルは店頭登録市
場、アコムは東証一部でしたので、広義の「市場間アービトラー

ジ」ですかねえ。

　その後、アイフルは社長が積極的にIRを行い、高成長も続いたので機関投資家銘柄になって暴騰。その分、アコムからは資金が若干流出し、うまく買い戻せたのでロング・ショート両方でリターンを上げることができました。

　結果から言えば、アイフルのロングポジションだけでもよかったのかもしれません。実際、このペアートレードの利益の9割以上はアイフルのロングからでした。しかし当時、まだ大きな社会問題になってなかったとはいえ「グレーゾーン金利」の問題は知られていたのです。この問題のため、日本の消費者金融業界はその後、破綻に近いところまで追いつめられることになります。

　従ってアイフルだけを大量にロングするという戦略には大きなリスクがあったことになります。アコムをショートして「はさんだ」のはsensible decision（賢明な判断）であったと思っています。

ペアートレード② 東京三菱 vs. UFJ

　2004年、東京三菱銀行とUFJ銀行の統合が発表になりました。しかし、合併比率はそう簡単には決まらず月日は流れていきます。

　当時、外国人投資家にとっても影響力の強い、ある女性の外資系金融アナリストがいました。この女性アナリストは何か個人的な恨みがあるのか、あるいはUFJ銀行の野蛮な体育会系体質とケミストリーがよほど合わなかったのか、UFJ銀行に対してかなりヒステリックに辛辣な評価をしていました。

彼女が「合併比率についてUFJ銀行がかなり不利な条件となる」と宣伝しまくったおかげで、ヘッジファンドは東京三菱銀行株ロング・UFJ銀行株ショートの巨大なポジションを築くこととなります。巨額の資金が動いたMerger Arbitrage（合併比率をめぐる裁定取引）です。他の証券会社のアナリストも、大方は「合併比率はUFJ銀行に不利」との立場でした。借株の状況をプライムブローカーに聞くとUFJ銀行株の借株はすさまじく多く、それに対し東京三菱銀行株の借株はほとんどないような状況でした（ヘッジファンドのポジションのほとんどが東京三菱ロング・UFJショートだったことを示しています）。

　私も、合併後には三菱側が主導権を取ることは当然わかっていました。しかし合併比率に関しては、UFJ銀行が買いたたかれるような比率、たとえば1対0.1とかにはならないと見ていました。メンツの問題もあるし、あまりUFJ銀行に不利な合併比率だとUFJの従業員のモチベーションが下がってしまうからです。合併することはもう発表済みで、「合併比率でもめて取りやめました」とも言えません。そこで、最後は東京三菱側が折れると踏んで、他のヘッジファンドと真逆のポジションを大量に構築しました。つまりUFJ銀行ロング・東京三菱銀行ショートです。確かロング300億円、ショート200億円程度のポジションだったと記憶しています。

　結果はまさかの三井住友銀行の参戦です。なんと合併比率1対1の提案をしてきたのです。それで東京三菱銀行側がUFJ銀行を安く買いたたくことは不可能になりました。ヘッジファンドはパニックに陥り反対売買でUFJ銀行株は爆上げ、東京三菱銀行の株

価は下がりました。

　我々も反対売買をして100億円程度は利益を上げたと思います。圧倒的勝利でした。最終的には東京三菱銀行とUFJ銀行の合併比率は1対0.62となりましたが、それはもう利益を確定した我々にはどうでもいいことになったのです。

　しかし、私はこのトレードのことはあまり思い出したくありません。このトレードを行うにあたって、私はGSのノンバンクのアナリストを頼りました。彼は私より一回り若く、珍しく故郷が島根県で私と同じでした。それもあって私がGSに在籍していた時からとても親しかったのです。

　大きなポジションを持っていた私はとても心配で不安になりましたが、緊迫する状況の中、彼とは毎日、というより一日何回も電話でやり取りをして、彼に励ましてもらいながら何とか巨大なポジションを維持しました。

　このディールが終わってしばらくすると、彼はGSを辞め、ポートフォリオマネージャーに対する要求が最も厳しいことで知られる米国のヘッジファンドに移籍しました。その後、自ら命を絶ったという報道を聞いた時、私は言葉を失いました。

第8章

やってはいけない
投資

ESG投資はナンセンス

　最近ESG投資という言葉をよく聞くようになったのでコメントさせていただきます。

　ESGとは、Environment（環境）、Social（社会）、Governance（企業統治）の頭文字を取ったものであり、ESG投資とはこの3つを評価基準とする投資を指します。

　私は、このESG投資はまったくナンセンスだと思っています。ガバナンスのGについてはもちろん意味があると思いますが、そもそも環境のEやソーシャルのSの問題に投資顧問会社が口をはさむべきなのでしょうか？　特にEについては複雑すぎてとてもポートフォリオマネージャーに結論が出せる問題だとは思えないのですが。

　パフォーマンスの悪いアクティブ運用のマネージャーがクビにならないためにESG投資にしがみついているように私には見えます。彼らには複雑な環境問題を理解するほどの頭はありません。優秀なマネージャーは普通の投資で好パフォーマンスを上げるのでESG投資などやる必要はありません。従ってESG投資を担当するマネージャーはそれ以外の人たちということになります。何回も言いますがアクティブ運用のマネージャーがベンチマークであるTOPIXのパフォーマンスを上回る成績を残すのは楽ではありません。結果として運用手数料の低いパッシブ運用が人気になってきました。そうなると投資顧問会社の収益は減り、アクティブマネージャーは人員余剰になってきます。ESG投資というのは必ずしもパフォーマンスを競わなくていいわけですからそんな投資顧問会社にとってESG投資はまさに「渡りに船」だったのでしょ

う。彼らは一斉にESG投資に飛びつきました。

　ESGのうちSについては比較的話題になってないのでここでは触れません。Eについては、CO_2削減の課題が圧倒的に大きいですよね。二酸化炭素削減を本気でやろうと思えば現世代に膨大なコストがかかります。民主主義国家で誰かが誰かに強制的に何かをさせようとするならそれは法律によるのが基本であって、法律によらなければ不公平が生じます。一部の環境団体の圧力によって特定の企業が無茶な環境対策を強制されるというのは民主的なプロセスではなく混乱を引き起こすだけだと思うのですが。投資顧問会社が、日本の商社に石炭の権益を売るように促すのも何の意味があるのでしょうかねえ。権益を買った会社はその炭鉱を閉鎖するわけではありません。むしろ権益を安く買った分よけいに儲かるので、設備投資をして生産量を増やすかもしれません。

　そもそも環境問題の議論というのは胡散臭い話だらけなのですよ。その時のムードで話題が盛り上がったと思ったらそのうち立ち消えになったりしますし。その一番いい例が「マイクロプラスチック」による海洋汚染でしょうねえ。「ウミガメに刺さったストロー」で一時あれだけ騒がれたマイクロプラスチックの話ももう聞かなくなりました。マイクロプラスチックの主要な発生源はどうやら洗濯機の排水だということがわかってきたからでしょう。ポリエステル繊維などの合成繊維から微小の粒子が無数に発生するのです。今更、「洋服や肌着に合成繊維を使うな」とか「洗濯するな、洗濯しても排水を流すな」とも言えないものです

から、「マイクロプラスチック」の議論は消えてなくなりました。最初から大した問題ではなかったということなのでは。

　さすがにCO_2削減の問題は一過性の流行で終わりそうにありません。今のところ日本の政策は混乱を極め、いったい何をやりたいのか不明な状態です。政治利権の絡んだ規制やら補助金、複数の制度でもうわけがわからなくなっています。それに付き合わなければいけない企業も余計な仕事が増えて大変ですよ。行き過ぎたESGの議論のために「統合報告書」とか「サステナビリティ・レポート」とか企業にとって無駄なコストが増えすぎです。「カーボンクレジット」だけ見ても「グリーン電力証書」「非化石証書」「Ｊ－クレジット」「ボランタリーカーボンクレジット」とかわけのわからない状態です。

　2021年に洋上風力発電の入札で三菱商事グループが強烈な安値を出して受注を総なめしました。これは「内閣総理大臣賞」ものだと思いますよ。電力料金が跳ね上がらずに済むわけですから。でも政治家はその安値入札がよほど気に入らなかったみたいで、それを忖度したマスメディアも三菱商事を称賛することはありませんでした。利権にまみれたCO_2対策ですがさすがにこのままでは排出量が大きくは減らないので今後数年内に全国的に本格的な「キャップアンドトレード」が導入されるようです。このやり方は最初、政府が各企業のCO_2排出の枠を決めるので利権の塊みたいな政策になります（この枠を決めるというのは楽な仕事ではありません。強烈に揉めそうです。自殺する官僚の方も出てくるかもしれません）。排出権取引の市場も整備するみたいですが

排出権の値段が政府の想定通りに決まるとはまず考えられず大混乱を招くでしょう。一番単純で利権を生まない政策は「例外のない一律の二酸化炭素税」だと思うのですが（実は今でもほんのちょっぴり導入されています）政治家は嫌がるでしょうねえ。専門家の方の批判を承知で私のイメージだけで申し上げれば「二酸化炭素税を消費税換算で20％程度になるように20年かけて段階的に導入する」「その代わり消費税も段階的にゼロにする」という感じになるのでしょうか（そのくらい強烈な税率でないとCO_2は削減されないと思います）。20年間で二酸化炭素の発生が半分になれば二酸化炭素税は消費税換算で10％に収まりますからほぼTax neutral（税負担に関して中立的、増税にも減税にもならない）です。いずれにせよ今後数年内にCO_2削減のための本格的な枠組みが設定されるはずです。それによってCO_2削減の不毛な議論はなくなっていくのでは。当然、今はやりのESG投資も下火になっていくと思います。わけのわからないESGファンドを買うぐらいなら手数料の安いTOPIXのETFでも買っておいた方が得だと思います。

　余談になりますがCO_2の議論で私がとても不思議に思っているのが、なぜ「人口を減らす」というアイデアが議論されないかです。そもそも環境問題は地球上で人間が繁殖し過ぎたから起きたことだと思うのですよ。人口が減ればCO_2の問題にも対処しやすくなるのですが。私はニュージーランドによく行くのですが、面積は日本の7割ほどで人口は500万人です。日本もニュージーランド並みの人口密度になれば700万人が住むことになります。今の人口の18分の1です。人口が700万人になれば、今の日本の発

電量の 8 ％は水力でその他に再生可能な電源が10％あるので、CO_2を排出せずに一人当たり今の3.2倍の電力が使えます。もちろん超高齢化社会などの一過性の苦しみはあるでしょうが。人口が減っていけば今みたいに毎日グダグダとCO_2削減の話とかする必要がなくなります。多分一人当たりの所得は増えると思うので一石二鳥です。

「少子化対策」って何のためにやっているのですかねえ。CO_2の削減が人類にとって危機的に重要な課題なのなら人口は減ったほうがいいのでは。それともCO_2の問題は少子化と同程度のレベルの問題だったのですか？

日本企業のガバナンス

次にESGの「G」についてです。ガバナンスに関しては近年著しく改善してきました。このガバナンス改善効果で株式市場の時価総額は 1 割は上昇したのではないでしょうか。

これは今後も企業価値に好影響を与え続けると予想しています。ただ日本企業のガバナンスの向上とESG投資はまったく関係ありません。あえて言えば「物言う株主（アクティビスト）の日本株市場への参入が一定の役割を果たした」のでしょう。

ガバナンスが機能してないという理由で投資を避けるべき銘柄とかセクターとかはあるのでしょうか？　今はガバナンスがダメでも投資家の圧力でこれから改善してくる可能性もあります。従って今のガバナンスの良し悪しを投資の基準にするのはどうかと思います。ガバナンスがダメな会社が突然、株主フレンドリーに

なったりする時、大きく株価が上がるかもしれないですし。唯一ガバナンス上どうにもならないのが鉄道、電力・ガス等の公益企業です。これらの会社は株主の利益を最大にすることを目標にする会社ではないのです。大事なのはユーザーである国民です。従ってこれらの公益企業で株主にとって意味があるのは基本、配当（株主優待も含む）だけです。配当利回りの低い、あるいは低い配当利回りが高くなる見込みのない公益企業は日本株投資のユニバースから外すべきでしょう。

　さて日本では1％の保有で株主提案ができます。それ自体はガバナンスの観点から素晴らしいことだと思います。でも、くだらない提案、ふざけた提案が多すぎるのも事実です。私は、提案に料金を課すべきだと思います。提案一件につき100万円とか（4件の株主提案をすれば400万円）。それでもくだらない提案が減らないようなら200万円とかにすればいいのでは。それを会社に払い込めば、他のまじめな株主の迷惑になりませんから。

　ガバナンスに関して最近とても憂慮すべき事態が発生しています。コスモエネルギーホールディングス（以下コスモ石油）が株主総会の決議を経てポイズンピル（買収防衛策の一種）を導入したのですが、その際に約20％の株式を保有するシティインデックスイレブンス（村上世彰氏が関わる投資会社）の議決権を認めませんでした。MOM（Majority of Minority）と呼ぶ一部の大株主を外しての株主総会なのですが、経営陣が気に入らない株主の議決権を勝手に制限できるなんて、ガバナンスとして最悪ですよ。このようなやり方が裁判所で認められれば、せっかく良くなってきた日本の株式市場のガバナンスにとっても大きな打撃となるで

287

しょう。過去に東京機械製作所をめぐる裁判で、このMOMが裁判所で認められましたが、次の裁判では、ぜひこのばかげた判例が覆ることを切に願っています。

これは保身に走るコスモ石油の経営陣だけの問題ではなく、日本株式市場全体の問題です。東証もPBRの低いヘタレ企業に「活を入れる」のもいいですが、今回のコスモ石油の決議はガバナンス上の危機です。裁判所の判断がどうであれMOMで株主総会を開いた会社はプライムから除外するとか上場廃止にするとか強い態度で臨むべきなのでは。

AIJ投資顧問詐欺事件

昔、AIJ投資顧問の詐欺事件があり日本の年金基金が大損しました。我々も間接的な事件の被害者です。この事件のような金額が膨大な詐欺事件はそんなに頻繁にはありませんが、詐欺事件自体はものすごい頻度で起きています。あなたの周りにも必ず詐欺被害者はいるはずです。自分は大丈夫だと思っていても実は危ないのです。だから、この話題には触れないわけにはいきません。

2012年、詐欺容疑でAIJ社長の浅川和彦を含め4人の逮捕者を出したこの事件には、我々の年金の顧客も大きくかかわっていました。

そもそも年金基金が狙われたのは、彼らが「安定的なリターンを生み出す運用」を強く求めすぎたからです。当時、我々は年金基金を多数顧客にしていましたが（その後リーマンショック時にほとんど解約になりましたが）、我々の運用は月次の上げ下げが

大きすぎて不評だったのです。そこを浅川につかれる形となりました。

「タワー投資顧問のファンドはあまりにもボラ（変動）が大きすぎる。我々は長期的なリターンはタワーと同じでももっと安定した結果が出せる」というセールストークで我々の顧客を奪っていきました。

　リーマンショックの次の年の2009年には、我々のファンドもマージンに余裕が出てきていろんなことを考えられるようになってきました。と同時に、AIJに悪い噂が立ち始めました。複数の信託銀行がAIJは怪しいと言い始めたのです。

　私は「これはチャンスだ」と思い、AIJのパフォーマンスを調べることにしました。逮捕の2年ぐらい前ですかねえ。彼らの言う戦略「out of the moneyのコールとプットオプションを両建てで売ってプレミアムを安定的に稼ぐ」はリーマンショック時でも損失を出さなかったことで俄然嘘っぽくなってきました。

　当時、AIJには野村證券時代のかなり親しい友人がいました。野村證券で株式のデリバティブトレードのヘッドをやっていたK氏です（AIJ投資顧問には野村證券のOBが多かったですねえ。野村證券で転換社債部長だったM氏もいました。でも詐欺にはかかわっていなかったと思います）。

　AIJは当時、表面上1800億円ぐらいの運用資産があったと思います（実際には金はなかったのですが）。その場合、15％のリターンを年間で上げるためにどれだけのオプションを売り建てなければいけないかざっと計算してみたのです。ストライクプライスが現値に近ければちょっとした株価変動ですぐに損失が出るの

で、相場が少々動いたぐらいでは損失が出ないdeep out of the moneyのプットとコールを売り立てる必要があるわけですが、めったなことで損が出ない代わりに得られる利益も小さいので大量に売る必要があります。ところがdeep out of the money、つまりストライクプライスが現値から離れれば離れるほど建玉は減っていきます。ストライクプライスから離れたところにあるオプションの建玉数を調べると彼らの運用成績は達成不可能に思えました。建玉数が少なすぎるのです。私の結論は「彼らは売り建てていない」でした。もちろん取引所を介さず、OTC取引で大手証券会社と相対でオプションのポジションを取ることはできます（OTC取引だと関係者以外は取引の内容を知ることができません）。しかし、外資系、日系の主だった証券会社のデリバティブのトレーダーに聞いてみても「そのようなどでかい客の話は聞いたことはない」とのことでした。

　私はその証拠をもってK氏と会いました。彼は詐欺のことは知らないようでした。というか、彼ほど経験があれば調べればすぐわかったはずです。知らなかったのは事実でも「知っても自分にはいいことは何もないのであえて知ろうとしなかった」ということなのでしょう。

　彼は私の質問に答えられませんでした。リーマンショックで損失を出さなかったのは「たまたまその時だけ建玉がなかった」という説明でした。私は、もう状況証拠は十分だし、営業妨害と言われてもかまわないと思い、我々の顧客に対して「AIJは解約すべきだ。しないのなら少なくとも資金の存在を確認するように」とうるさく言いましたが、アクションを取ってくれた年金基金は

ゼロだったと思います。

　では、どうやって投資顧問会社の詐欺を見抜くのか？　年金と
かの機関投資家はまず付き合いのある証券会社、信託銀行等に噂
を聞くことです。資金がどこにあるのかを確認することも必要で
す。それとあまりにも立派でスムーズなパフォーマンスレコード
を怪しいと思うことです。後は「年金コンサル」にお願いして調
べてもらうといいのでしょうが、AIJの場合は年金コンサルがグ
ルでしたからねえ。それで被害が大きくなったわけですから難し
いですね。AIJは一任勘定（顧客から有価証券売買を一任され、
運用すること）の免許を受けていたわけですよ。だから金融庁の
検査は受けていたはずです。悪い噂も出ていましたし。それでな
んで長年にわたって詐欺を続けられたのかよく分かりません。
　我々も恒例の金融庁の検査を受けましたよ。5〜6人来られま
したかねえ。とにかくその熱心な仕事ぶりには驚かされました。
メチャクチャまじめに細かいところまで検査していました。こち
らの頭が下がるほど。
　検査官は私のロッカーを開け、大量のウイスキーを発見しま
す。
「何でお酒があるんですか？」
「飲むためですよ」
　そう半分冗談で答えましたが、検査官が私の引き出しをあけて
大量の札束を見つけた時にはさすがに「検査官を買収するためで
すよ」とか冗談は言えなかったですねえ。検査官の人たちはまじ
め過ぎるので。ちなみに、札束が置いてあるのは大災害に備える

ためです。カードやATMが使えなくなる可能性がありますから。

　我々の３つのファンドのうちの１つは「ショーコロ」ファンドという名前です。検査官にこの「ショーコロ」って何ですか？と聞かれたのでこう答えました。

「19世紀のロシアに偉大な投資家がいたんですよ。その人の名前です。もちろん冗談ですが。本当の由来は言いたくありません」

　検査も終わりに近づくと、一人の検査官がしたり顔で私のところに来てこう言いました。

「ショーコロの意味が分かりました。近くの定食屋さんのショウガ焼き・コロッケ定食のことでしょう。みんなショーコロって呼んでいましたよ」

　ご名答！　よくぞそこまで調べ上げた！　さすが日本の誇る金融庁の検査官です。こんなに検査官の方が優秀なのに、なぜAIJをこんなに長らく見逃したの？　一任勘定の免許を与えている投資顧問会社にもっと運用にかかわる情報を出させて、AIを使って怪しいところを絞り込んだらどうですかねえ。AIJの月次のパフォーマンスも大半の月で小数第２位が０または５だったって言うじゃないですか。個人の方はそもそも投資顧問会社のファンドには直接投資をしないほうがいいと思います。ネット証券や銀行が取り扱っているファンドを投資対象とすべきでしょう。

未公開株は決して買ってはいけない

　一任勘定の免許を持っているAIJのような会社の詐欺は数が少ないと思います。金融庁の検査もありますから。個人投資家で自

分自身で株式投資をされる方はこのような投資顧問にお金を預けないでしょうから被害にあう確率は低いでしょう。詐欺の中でも圧倒的に数が多いのは「未公開株詐欺」だと思います。事件化するケースがほとんどないので膨大な数の詐欺が行われているのではないでしょうか。投資のプロだと自任する私でさえ未公開株詐欺に引っ掛かりかけたことが何回かあります。未公開株詐欺は日常的にある詐欺です。他人事だと思わないでください。特に株式投資で成功された個人投資家は気を付けるべきです。その成功が世間にばれるとほぼ確実に詐欺師は近寄ってきます（一番危ないのは「信頼できる友達」が紹介する案件です）。

　上場会社は、上場に際して主幹事証券の審査があり、その審査を通った会社しか上場できません。そのため、詐欺的な上場会社はあるにはあるのですが数はとても少ないのです。

　一方で未公開株は基本中身が何にもわかりません。未公開企業に投資するためにはベンチャーファンドのようにデューデリジェンスを行う部署が必要です。それがなければ、未公開株は闇です。

　個人投資家は「未公開株」など決して買ってはいけないのです。未公開株に投資させて集めた金が消えてなくなっても投資家はなすすべがありません。

　だいたい、まともな未公開株は需要が強く「出資させてください」というベンチャーファンドであふれています。**あなたのところに話が回ってくる未公開株は基本実体のない詐欺ですが、万が一詐欺ではないとしてもクズでお金が返ってこないことには変わ**

りありません。「上場確実な会社で普通の人は絶対に買えない株なんだけど、**たまたま**割り当てを受ける予定だった人が事故にあって1000万円分枠が余ってる。俺、社長と**たまたま**昔からの知り合いで1000万円分どうかって言われてるんだけどお金ないので500万円分もらうことにした。残りの500万円分興味があれば社長に話してやってもいいよ」とか言われたら絶対に詐欺です。私は詐欺師じゃないので話が下手なんですが、本当の詐欺師はもっと話がうまくて買いたくなったりすると思うんですよ。出来過ぎた話は全て詐欺だと思って断りましょう。「たまたま＝詐欺」です。

　未公開株投資でさらにたちが悪いのは、価値がゼロでも相続税の算定の際、国税が「価値ゼロ」と容易には認めてくれないだろうということです。まだ会社が存在しているなら「価値ゼロ」と証明するのって大変かもしれないですよ。投資で1億円損して、相続税でさらに5500万円払うとか馬鹿げていませんか？

　また、詐欺師のほうはまず詐欺罪には問われません。そもそも日本の詐欺罪の要件には検察側による「被告人の騙す意思の立証」があってハードルがとても高いのです。また、間に入って詐欺を働いたやつの作ったチラシや営業した証拠がなければ金融商品取引法にも引っかかりません。仲介した奴はお金を預かったわけでもないので出資法的にもOKです。「俺はこんな会社があるって教えただけで、後はそいつが勝手にやったことだ」となれば詐欺師は罪に問われないことになります。

　もちろん、集めた金額が巨額だとか、あるいは最初から架空の会社だったとかであれば刑事事件になるかもしれないし、民事の

裁判でも勝てるかもしれませんけどね。いずれにせよ勝ったところでお金は返ってきません。

　詐欺師にとって未公開株詐欺は「ローリスク・ハイリターンな商売」なわけですよ。場合によっては詐欺師本人も詐欺を働いた認識がないかもしれません。

　ここで気を付けなければいけないのは詐欺師の経歴が立派なことが多いことです。証券会社のインベストメントバンク部門（投資銀行部門、何と呼ぶかは会社によって異なりますが）はエリートコースで頭のいい社員が集まっています。この部門の中には会社を辞めてからベンチャービジネスのCFO（財務担当責任者）になって上場を目指す奴らが大勢いるのです。報酬として株式をそれなりにもらえば上場に成功して大儲けできます。彼らエリートにとってこれが一つの勝ちパターンですね。

　しかし、そのエリートコースの中にも出来が悪く、足を踏み外してしまう輩はいます。彼らは上場しそうな有望なベンチャーには行けず、上場をあきらめたダメ会社にCFOで潜り込むことになります。彼らの役割はずばり「未公開株詐欺」です。立派な経歴と肩書を武器に投資家からお金を集めてくることです。最初から上場する見込みがないことがわかっていてお金を集めたら、法的に裁かれるかどうかは別にしてやはり私は詐欺だと思うのですが。投資家から集めてきたお金を事業には使わず、ベンチャーの社長とCFOで山分けするわけですから。だから、立派な証券会社出身だとかで信用してしまうのはとても危険です。死に体のベンチャービジネスは掃いて捨てるほどいっぱいあります。エリートコースから外れ、それらの死に体企業のCFOになって悪事を働く

295

証券会社のOBは後を絶ちません。気を付けましょう。

金融商品の手数料にはご用心を

　詐欺ではないのですが、もう一つ気を付けないといけないのが様々な金融商品の手数料です。K1ファンドは手数料1％（他の費用を入れると1.2％）、成功報酬20％のいわゆるワン・トゥェンティーストラクチャーで、スタンダードな手数料です。自分で言うのも何なんですが、我々のK1ファンドも手数料が高すぎると思っていました。かなりのパフォーマンスを出さないととても正当化できる手数料ではありません。

　長期的な資産運用で運用フィーが1％の日本株のアクティブ運用の投資信託などはどうなのでしょう。1％はまだいいほうでもっと高いものもあります。そもそも金利がゼロに近い日本で株式の平均期待リターンはどれほどあるのでしょうか。たぶん3％ぐらいですよ。それで1％手数料取ったらリターンの3分の1じゃないですか。取りすぎですよ。

　TOPIXに1年で2％勝ったとかでは1％の手数料に見合わないと思います。最低、年間5％はTOPIXに勝たないと。20年なら、少なくともパフォーマンスが数倍にならないと費用を正当化できないと思います。

　投資信託やヘッジファンドにはサバイバーシップ・バイアス（生存者バイアス）が強く働きます。ファンドの成績が悪いとお金が集まらなくなったり、解約で資金が流出したりしてファンドが閉鎖になることがあります。そうなると、今生き残っているファンドのリストから外れます。今のファンドばかりを対象に平均

的なリターンを計算すると、実際より成績が良く見えてしまうというバイアスです。

　前にも書きましたが日本株のアクティブ運用の成績は、総じていえば手数料の安いパッシブ運用に負けていると思ったほうがいいのでは。アクティブ運用の投資信託の販売手数料が３％なんていうのは論外ですよ。販売手数料とかがあるから、投資信託まで高速回転商いになるわけで。

　でも、私が「ハードルレートがゼロなので勧めない」といった和製ヘッジファンドも我々のK1ファンドも、日本株の投資信託も、手数料については高い低いは別にしてきっちりわかりやすく開示しています。だから証券会社は「顧客はわかったうえで投資している」と一応主張できます。

　手数料の開示という意味で最も卑劣なのが「仕組債」です。また、「ラップ口座（ファンドラップ）」も良心的とはとても言えません。

「仕組債」は、個人投資家はいくら「抜かれているか」わかりません。私は仕組債の販売を一律に法律で規制するのは難しいと思います。どの商品はダメでどの商品ならセーフか線引きがとても難しいからです。でも、上場オプションを除いてオプションを含む商品（主に債券）を販売する際の顧客とのやり取りを動画で保存するよう証券会社に義務付けるべきだと思います。その中で老人が「オプションの質問にちゃんと答えられていること」を条件に販売を認めれば一番楽じゃないですかねえ。損したら、後で動画を見て「客がちゃんと答えてなかったら証券会社が客に損害の３倍を賠償する」っていうのはどうでしょう。そうすれば仕組債

とか証券会社は売らないですよ。

「仕組債」の業者の儲けはトレーディングプロフィットです。だからブラックショールズのオプションモデルとか一般に認知された方法で業者の利益を予想してそれを手数料に足しこんだ数字をパンフレットの1ページ目に大きく載せることを義務付けなければ。ブラックショールズで計算できないような複雑なオプションを内蔵した商品はもちろん販売禁止にすべきです。というか客観性のある方法で計算できないのなら数字を載せられないですからねえ。自然となくなるのでは。

ラップ口座（ファンドラップ）も全体の手数料がわからないか、少なくともとてもわかりにくい説明になっています。私もいろいろ資料を読んでみましたがよくわかりませんでした。ファンドラップというのは、まずラップ口座があってそこに個人はお金を入れます。その後このファンドラップがいろいろな投資信託を買って分散投資をするのです。その投資信託でも手数料が発生するわけですが、ファンドラップでまず手数料を取って、個々の投資信託でもまた手数料を取ります。手数料の二重取りですね。

私があるファンドラップの資料を読んでいたらこういうのもありましたよ。わざとわかりにくく書いてあるので完全には理解できませんでしたけど。

まずファンドラップがあって、その下にアセットクラスごとのFund of fundsがぶら下がっていてそのFund of fundsがさらにいくつかの投資信託を買う。どのレベルでどのぐらいの手数料を取っているのかの開示が見つからないのでわからないのですが、なんとなく手数料の3重取りっぽいのです。ちゃんと開示がわかりや

すくしてあるのは1層目のファンドラップの手数料だけです。その下にぶら下がっているファンドでどれだけ手数料が抜かれているかわかりません。

　ファンドラップというのは証券会社にとっては手数料の一部だけを開示することで後の手数料は取り放題というとっても都合のいい商品なのかもしれません（実際にどれだけ取っているのかはわかりませんが開示がわかりにくい以上疑われても仕方がないですよ）。それにパンフレットを読んでも一体だれが運用しているのか、インベストメントコミティーのメンバーが誰なのか、彼らがどういう運用哲学を持っているのかまったく不明です。責任者は前面に出て、もっと情報発信すべきです。

　証券会社はこれだけ手数料を取れば、パフォーマンスが悪くなるのは当たり前だとわかっているはずです。だから責任者の名前とか出したくないのでしょうか？　ラップ口座の中にはパンフレットに「細かな手数料に関しては目論見書に記載されています」という一文が書かれているのがありますが、目論見書なんて誰も見ないですよ。笑っちゃいますよ。私のようなプロでも公募増資の際の目論見書なんて読んだことありません。目論見書を読んで「手数料を発見する」ような人はそもそもラップ口座なんかには投資しないでしょう。目論見書を読むよりネット証券に口座開くほうが楽ですから。

　証券会社はわかっていてそういうことをやっているのでは。この重層的な手数料は全部パンフレットの1枚目にまとめて大きく開示すべきです。

　これまでのファンドラップの話は全部「対面証券会社」のファ

ンドラップの話です。最近ではネット証券もファンドラップを始めていて手数料はかなり安くなっています。大変好ましい展開だと思います。ネット証券の参入によって競争が激しくなり手数料が下がっていけば長期投資に向いた商品になってくるかもしれません。

第9章

これからの
日本株市場

10年以内に起きる破滅的リスク

　当初、将来の予想はこの本に書く予定はありませんでした。本を書いて出版されるまでにタイムラグがありすぎ、書いたことが読者に届いた時点でもう「間違っている」か「ずれてしまっている」ことになり、とても恥ずかしい内容になってしまうからです。

　しかし、過去の話ばかりでは片手落ちになるので私の間抜けな予想を書かせてもらいます。これまでも10年に1回以上の割合で株式市場は暴落してきました。いつ、どれくらいの暴落になるのかはわかりませんが、10年単位で見れば、何かとんでもないことが起きる可能性は覚悟しておかなければならないと思います。

　1. 核戦争
　2. 東海・関東大震災
　3. COVID-19 以上のパンデミックが起きる
　4. 地球温暖化の加速、あるいは急速な寒冷化

　この4つの破滅的なリスクは皆さんが考えているより確率が大きいのかもしれませんよ。さすがに私も「戦略核」は使われないと信じたいですが、「戦術核兵器」が使われる可能性は人々が覚悟しているよりかなり高いと感じています。

　こういう話をするとすごくネガティブに聞こえるかもしれませんが、逆に言うと私は通常兵器による戦争では世界のどこで戦争が起きようが日本の株式市場にはほとんど影響はないと思ってい

ます。

　パンデミックについても「今後起きない」という根拠はゼロなわけですから覚悟は必要でしょう。

　これ以外にも、とんでもないことが起きて株価が暴落するリスクはたくさんあると思います。前に書いた通り、人々は将来のリスクについて知りません。しかし、だからといってせっかく新NISAのような夢のような制度ができたのに株式にまったく投資しないのはもったいないと思います。いつ暴落するかわからないので「暴落した時だけ安く買う」ことは難しく、「暴落した時**も**株に投資する」ことで良しとしなければ。株式市場をよく見ていて「暴落した時に残りの資金をはたいて株を買う」のが理想ですが、面倒で個別銘柄に投資をしない個人投資家にとっては「積み立て型」のETF投資（例えばTOPIXのETF）が最も合理的です。「積み立て型」だと株価が暴落した時もちゃんと投資することになりますから。

今後の日本株を取り巻く環境「8」の予想

　今後の日本株を取り巻く環境については漠然と次のように考えています。10年後までの期間の予想とお考えください。

1. 日本経済の実質GDP成長率は良くてゼロ％
2. 日本の人口は減り続け超高齢社会となる。外国人労働者の数は大きくは増えず労働人口は半永久的に減少が続く
3. 日本のインフレ率はそのうちゼロから2％の間に収まる。日本ではスパイラル的なインフレは起きない

4. 日本の金利はわずかしか上がらない。短期金利は上昇しても最大1％まで。長期金利（10年国債）は最大2％まで
5. 為替は120円／USドルへと円高が進む
6. 上場企業の企業収益の成長率は全体としてはインフレ率程度。つまり年率ゼロから2％成長
7. 増配、自社株買いは今後も続く
8. 新NISAで個人投資家激増。政府は株式市場にネガティブな政策は取りにくくなる

　迫力のないつまらない予想でしょ？　実質経済成長率ゼロと書きましたが高齢化が急速に進んでいますからねえ。介護費用や医療費などはこれからも増えていくでしょうし、実感ではマイナス成長になると思います。医療保険とか介護保険とか社会保障のコストで日本人は窒息死しそうですよ。「日本の金利が低いままの予想で為替が120円／USドルってお前アホか！」と思われるかもしれませんが、もちろん米国の金利が多少低下するってことを前提にしているのですよ。
　日本の悪いところを上げるときりがないのですが、先進国ならどこでも多かれ少なかれ同様の問題を抱えています。全体としてみれば日本は他の先進国に比べると不法移民の問題が極端に小さいため安定した住みやすい社会だと思います。

縮小を続ける内需
　確かに若い人が急速に減っていく日本では基本内需に軸足を置いたビジネスに成長はありません。でも、内需株が全然ダメかと

いうとそうでもないでしょう。縮小均衡する市場で未上場の同業他社の撤退で上場会社のシェアが上がったり、残存者メリットで利益率が上がったりするケースはあると思います。かつて低収益が続いていた鉄鋼業、海運業などでも、経営統合による寡占化が進んだことで、需要が伸びているわけでもないのに驚くほどの収益をあげている例があります。田舎の町で2軒の薬局があったとして人口減でそのうち1軒が撤退したとしましょうか。残った薬局は独占的な利潤を享受できるかもしれません。

　日本の建設現場では建設労働者の高齢化が大問題になっています。建設需要も減るかもしれませんが、それ以上に供給力が急速に減ることで建設業の利益率が大きく上昇する可能性だってあるのです。

　縮小する市場では、経営統合を進めていくスピードが市場の縮小より早ければ株式投資で儲かる可能性はある程度はあるのです。もちろん需要が減り続ける業界には迫力のある成長株はほとんど生まれません。ただ経営統合してシェアを上げた会社が増配を続けたり自社株買いをしたりすれば株価が上昇するチャンスはあります。需要が縮小する業界では株価の評価は総じて低いでしょう。だからその中で上手に立ち回れる企業を探せば株式投資は成功です。

　「内需は縮小」と言い続けてきましたが、実は私は内需にも若干の拡大のチャンスは残されていると思っています。それは「消費者余剰」と呼ばれ、日本全体で30兆〜40兆円ぐらいの（私のドタ勘ですが）最後の未開拓市場（The last frontier）です。ただ、

そのうちどのぐらいビジネスにできるかは未知数です。

　物の値段をオークションで決める時、いろいろな決め方があります。例えばEnglish Auctionでは一つの商品の値段が競り上がります。またDutch Auctionでは売る量を決めて最後の一個が売れる値段で全部の値段を決めます。「消費者余剰」は基本このDutch Auctionで発生します。

　工業化社会の到来で、工業製品を大量に生産するのが当たり前の世の中になりました。工業製品はユニット当たりのコストを下げるために工場である程度のロットで生産しますから、作った製品を全部売ろうとすると値決めはなんとなくDutch Auctionっぽくなります。

　下の図で「消費者余剰」を説明します。

図表14

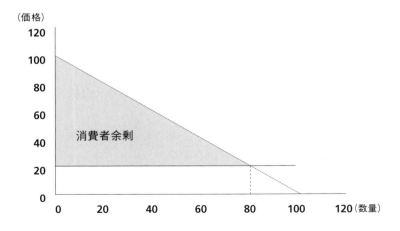

　この製品を80個売り切ろうと思うと値段は20円になります。売上は20円 × 80個 ＝ 1600円です。しかし、斜めの需要曲線（ここでは直線になっていますが）によると100円を出しても買いたいという人が1人います。でも値段が20円で決まったおかげで80円得をしたのです。この80円を「消費者余剰」と呼びます。全体の消費者余剰はこの三角形の面積で、80円 × 80個 ／ 2 ＝ 3200円です。つまり一物一価でなければこの商品の潜在的市場は1600円ではなく1600円 ＋ 3200円 ＝ 4800円であったということです。

　この大きな消費者余剰を取り込む動きはもうすでに存在します。要するに一物一価にならないようにサービスを少し変えたりすればいいのです。芸能界や野球のファンクラブ、ディズニーランドの「プレミアアクセス」のチケット、予約のタイミングで価格設定を変える航空機チケットもそうです。

　工業化社会から情報化社会へと移り行く中でこの消費者余剰を取り込めるチャンスが増えてきました。典型的なのが投げ銭ビジネスです。すでにYouTubeでもニコニコ動画でも投げ銭の仕組みは導入されていますが、まだ試行錯誤中だと思います。成功のパターンを探しながら形を変えどんどん広がっていくのではないでしょうか。

　私は消費株の分析はあまり得意ではないので具体的な例は示せませんが、消費者余剰を上手に取り込める立ち位置にいる会社は投資対象として面白いと思います。

日本人の英語下手は危機的なレベル

　一方で、売上を大きく伸ばそうと思えばやはり海外市場でしょう。キーエンスやユニクロも元々は内需銘柄でしたし、今では海外の収益が大きい食品会社も昔は全部内需銘柄でしたからねえ。内需が尻すぼみになっていく日本では、上手に利益率を確保しながら海外で売上を伸ばしていくしか迫力のある成長は達成できません。

　ここからは私のボヤキですが、海外でビジネスをやっていかなければいけないのに、日本人はここまで英語が下手でどうするの？　私の感覚だと英語がちゃんとできるかどうかで年収は10倍ぐらい違います。えーーーって思われるでしょうねえ。こんなこと言うと。もちろんサラリーマンの場合は給料の差は2倍にもならないでしょう。でも、ものにできるチャンスの差がとても大きいのですよ。人生の選択肢の広がりが全然違ってくるってことです。私の場合だと、英語ができなければヘッジファンドとの出会いはなかったわけだから、プランBで個人投資家として株をやってせいぜい数億円の儲けです。もし、ソフトバンクの孫正義氏が英語できなかったらあそこまで成功されたのですかねえ？　芸能人だって海外の市場を相手にできれば収入は数倍になるでしょう。

　英語だけうまくなっても中身のない人間ではダメだろう、という反論もありそうです。その通りだと思います。私だって、英語ができても買った株が上がらないのでは話になりませんから。

　日本の会社でもなんとか英語を社内で使わせようとする試みはありましたが、結局失敗。小さい頃から英語をやらないと無理で

すよ（もちろん日本人全員が英語の勉強をする必要はないと思いますが）。小学校できっちり英語をやって中学高校ではいくつかの科目を「英語で」勉強するようにしなければ。世界史とか日本語で学ぶ意味などないでしょう。「高校以降はもう英語の勉強はなし。あるのは英語での勉強だけ」ぐらいの感覚にならないといけないと思います。いつまでもだらだら英語の勉強をするのは時間の無駄です。

　何かをやろうと思えば何かを削らないといけないと思うのですが、私はくだらない国語の授業を削るのが一番だと思います。国語の授業で出てくる日本語の文章がへた過ぎるし、試験には意味不明な文章が出てくるし、私にとってはいい思い出がまったくありません。「それ」が何を示すのか次の4つから選べ、なんて試験には出てきますが「『それ』が何を示すかわかりにくい文章なんか書くなよ！」って思いませんか？　最悪なのが小林秀雄とかいう評論家の文章でした。何が言いたいのかまったく不明。日本の国語の授業は「非論理的な思考」の訓練の場みたいなものですね。

経営統合がキーワード

　さて、「お前がボヤいたからといって世の中何にも変わらんだろう」ということなので「日本人の英語下手」を前提に、具体的に日本企業が海外で活躍できる方法を考えなきゃいけません。

　私はこれまで機械セクターで多数の中小型株に投資してきました。機械セクターではすでにメインの市場は海外です。我々が投資してきた牧野フライスという売上2000億円ほどの工作機械の

会社は海外売上比率が83％です。この会社は北米に常駐する日本人はいません。北米のビジネスは出張ベースで行っています。

　機械ビジネスは今、「ソリューションビジネス」になりつつあるわけですよねえ。つまり顧客に寄り添って悩みを解決するビジネスです。現地に人が張り付いていなくてどうやって顧客の悩みがわかるのでしょうか？　また、機械ビジネスは、うまくやれば「修理を含む保守メンテ」がとても利益率が高いことが知られています。でも、この会社のサイズではグローバルに効率の良い「保守メンテ」の体制を確立することができません。つまり、日本の中小規模の機械の会社はサイズが小さいまま海外に打って出ているのでとても効率が悪いということです。

　もちろん英語のできる人材が不足しているのも大問題でしょう。「さあ、これからはインド市場だ！」といってもインドの拠点に日本人1人とかじゃあどうにもならないですよ。従業員はお金を持って逃げるわ、賄賂がないと認可が進まないとか普通の神経の日本人では気がふれてしまうでしょう。売上高が2000億円程度の会社が5社統合して1兆円企業になってインドに2拠点設けるとしましょうか。ビジネスが軌道にのって現地社員の教育が進むまでは、少なくともそれぞれの拠点に英語の堪能な3人の日本人が常駐とかにしないと精神的にもたないと思いますよ。

　私は会社数の多すぎる工作機械業界は3グループぐらいに統合されるべきだと思いますし、射出成形機の業界も今、十数社とかあると思いますが同じく3社で十分でしょう。海外プロジェクトでしょっちゅう大損を出しているプラントエンジニアリング会社も全部統合して1社でもいいぐらいだと思っています。重要な地

域にはリスク管理のためにリサーチチームを常駐させなきゃ。

　問題は皆さん結構お金をため込んでおられて危機感がほとんどないのです。多数乱立で効率の悪い業界にはアクティビストの投資家が切り込んでいって統合を主導してもらいたいですねえ。あるいは「ニデック（旧日本電産）」や「ファナック」のような会社がリーダーシップをとって工作機械業界を統合に導いてもいいのかもしれません。多数の会社が乱立している機械セクターは非効率的な産業ではありますが、経営統合が進む可能性もあり、株式投資でのチャンスも大きいと思います。もちろん機械セクターだけでなく他のセクターでも「経営統合」が合理的な判断になるケースは多いでしょう。

　内需は基本縮小が続き経営統合で寡占度を上げていかないと利益は保てないし、外需を開拓しようとすれば海外拠点の整備のために規模が必要です。私は上場企業の数は20年後には今の半分程度でいいのではないかと思っています。

日本株ショーテッジ時代の到来

　私はよく月次の運用報告書で「日本株はそのうちショーテッジになる」とコメントしました。私の予想では日本の金利は大きくは上がりません。それを前提にすればやはり円での運用は日本株式が圧倒的に有利です。将来の株価を決める要素は複数ありますが、最後に私の楽観シナリオを示して終わりにしたいと思います。

　1.内需株、外需株ともにそれぞれ違う理由で経営統合が進み寡

占度が上がっていく

2. その結果、利益率は向上。自社株買いと増配が続く

3. 日本株は日本の機関投資家、個人投資家、一般家庭の中核的な資産となる

4.「日本株ショーテッジ」の時代が到来する

エピローグ
引退

　私の趣味は「低山ハイキング」です。「沼津アルプス」を歩いた時の話です。アルプスといっても300m程度の山が5つぐらい連なっているだけの超楽な年寄り向けのコースなのですが。

　一昨年9月に歩いたときには、2つ目の山の地盤が粘土質で、足で踏ん張ることができませんでした。鎖をつかんでよじ登りましたが、普段使わない筋肉を使ったせいか熱中症気味になり、ほどなく下山することにしました。

　沼津駅までは6㎞ほどだったので休みながら歩けば楽勝だと思いましたが、ラッキーなことに下山するとすぐ沼津駅行きのバス停がありました。バス停で汗だらけの服を着替えて休んでいると、道路の反対側でおばあさんが何か叫んでいます。辺鄙な場所で私とおばあさんしかいないので、近寄って話を聞こうと思いました。

　そのおばあちゃんが言うには「12時を過ぎるとそっち側にはバスは来ない。昼に来るのはこっち側」なのだそうです。「嘘でもまあいいか、まだ12時過ぎで時間も余っているし」と思い、おばあちゃんの言う側で待っているとバスがやってきました。そのおばあちゃんも終点の沼津駅下車だったので、降りる際に私は紙に「助かりました」と書いて見せました。すると、おばあちゃんはこう言うのです。

「実は本当にバスがこっちに来るかどうかハラハラしていました。間違っていたらどうしようかと」

このおばあちゃんはヘタレた私を助けるために思い切って話しかけてくれたのです。おばあちゃんはとてもうれしそうでした。たぶんその日はとても幸せな気分で過ごせたはずです（後で考えたんですが、このバスは沼津駅を通って円を描いて回っていると思うんですよ。朝は通勤の人たちが新興住宅地から沼津駅へと移動、夕方は沼津駅から新興住宅地へと通勤客が帰る。その通勤時間の総和を最小化するために朝と昼で逆回りに走っているのだと思います）。

　人間には快適に暮らしていくだけの収入が必要です。しかし、それ以上の幸福感を得るためには「なんでもいいから他人の役に立っている」という実感が必要なのではないでしょうか？
　その点、私は幸福でした。多くの顧客とともに25年間を歩めたのですから。しかし、他の仕事を辞めて、自分のお金だけを運用するプロの投資家になった人はどうでしょう。孤独なのかもしれません。いくらお金を稼いでも、一人では一定以上の幸福感は得られないのでは。「人と交わり何かの役に立つ」ことが必要なのだと思います。
　私もファンド引退で同じ状況に陥るので、何かを見つけないといけないですね。

　私の机の上には、ガラスに入ったK1ファンドのツームストーンが置かれています。ツームストーンというのはファンドがローンチする時の記念品です。縦15cm、横10cmの透明なガラスの板にファンド名、運用者、監査法人の名前などが書かれた一枚の紙

が埋め込まれていて、形が墓石に似ているのでこう呼ばれます。

25年間、私はこれを見ながら仕事をしてきました。野村證券に入社し、「お客が損をして証券会社が儲かること」を疑問に思ってから40年が経ちました。今、ようやく「顧客が儲かって自分も儲かる」ことが実現できたのです。

今、引退に当たってこのツームストーンを見ながらこう思います。

「これは私の誇りだ」と。

※199ページの答えは「あなた、先週も同じこと言ってなかった？」

解説

伊藤博敏
ジャーナリスト

　金融庁のホームページに「資産運用シミュレーション」というページがある。毎月○万円を積み立て、運用利回り○％で回すと、○年後に積立金額が幾らになるかを計算しグラフで見やすくしたものだ。岸田文雄政権の「資産所得倍増プラン」に添った運用益非課税の新NISAに国民を誘うのが狙いだ。

　試しに毎月10万円積立、想定年利5％、積立期間25年と打ち込むと最終積立金額5955万971円と即座に数字が出てくる。投資の妙味を教えはするが、過去の日経平均株価を振り返っても毎年5％で勝ち続けることは難しく、元本は3000万円なので利益はほぼ同じ。「たいしたことはない」という感想を持つ人もいるだろう。これに対して、100万円を預けたら置いておくだけで25年後に9300万円になっていたという夢のようなファンドがある。それが清原達郎氏のタワーK1ファンドだ。パフォーマンスは93倍。残念なことに清原氏は2023年夏でファンドを閉じ、引退した。

　だが、諦めることはない。清原氏は本書で、40年に及ぶ投資家人生の全てをさらし、投資哲学、投資ノウハウ、そして投資の心構えを伝える。ページを開くことで我々は、「93倍」の秘密と秘訣を知ることができる。むろん、金融界のカリスマである清原氏の域に達するのは到底ムリだが、清原氏は「はじめに」に2024年から始まった新NISAについて「『やらなきゃ絶対損』という個人にとっては夢のような制度」と書いており、環境は整っている。従って「年利5％、25年で倍」どころではない投資収益

が期待できる。もっとも到達には自己研鑽を重ね、失敗を糧にする打たれ強さとそこからの学びが欠かせない。

　清原氏の名前は2005年に公表が最後となった長者番付で、約100億円を稼いで「日本一」となって一気に広まった。一介のサラリーマン投資運用者だっただけに、「キヨハラWHO？」とマスコミは騒ぎ、さまざまな手法を使って利益を確保する「ヘッジファンド」や、ファンドにハイリターンをもたらせば高収入を得られる「ファンドマネージャー」という存在を国民が認知するきっかけとなった。

　私と清原氏の出会いは、日本一長者となった直後、K1ファンドの盛名が高まりREITと不動産株でさらに儲けて、運用資産を積み増している頃だった。驚いたのはオフィスが「超高層ビルの広々とした豪華フロア」といった著名ファンドにありがちなものではなく、東京・芝大門の簡素といって差し支えない雑居ビルに構えられていたことだ。高級スーツを鎧のように着こんでいるわけでもなく、ノーネクタイに時計なし、サンダルと軽装だった。ただ発言は鋭く、企業分析は確かで、歯に衣着せぬ口調に圧倒された。

　以来、本書で描かれているライブドア事件やリーマンショック、直近のパンデミックに至るまで、事件や事故、経済政策の転換、政治情勢の変化などがマーケットに与える影響について意見を伺うことが多くなり、いつも「その他大勢ではないものの見方」を教えてもらい、「常識を疑う」という投資の原点を知った。2023年春、清原氏から「引退」を伝えられた時、私がまず思ったのは「清原達郎の経験と知識を記録として残さねばならない」ということだった。それが記者としての責務と思えた。

たいへんだったのは清原氏が声帯を失っていること。一冊の本を仕上げるには、著者と編集者が密接にコミュニケーションを取り、時に聞き書きの部分を挿入、あるいは変更削除するといった共同作業が必要になるが、今回は構成から章立て、文章の一言一句に至るまで、清原氏が単独で取り組まざるを得なかった。

　最初は、頭のなかの「伝えたいこと」を全部ぶちまけたために、率直にいって難解で、一般読者に推奨できる内容ではなかった。しかし「本作りを最後の仕事にしたい」という清原氏の意欲は高く、編集者の意見を入れながら３度、書き直した。その結果、難しさは残り、「章」ごとの分量に差があってアンバランスではあるものの、その分「伝説の投資家」の投資への思いと軌跡が伝わる内容となっている。

　タワーK1ファンドは182ページのパフォーマンス図が示すように、25年間で激しい浮き沈みを繰り返した。なかでもリーマンショックの際は地獄絵図だったという。確かにそうだ。最後に自らの銀行預金の30億円を全部ぶち込み、ファンドとの心中を決めたくだりは壮絶というしかない。

　読者対象は幅広く、新NISAでの投資を考える人に200万円での割り振りを教える教科書的なやさしい部分もあれば、ガチガチの「コントラリアン（逆張り）」として知られる清原氏が、神戸製鋼所の不祥事に市場の「売り」を予測して大量の「買い」をぶつける相場師としての凄みは、プロをも唸らせる。伝えたいことが多過ぎて筆が縦横に走り、読者が一度読んだだけではついていけない部分もある。

　清原氏は投資において「ベイジアン的発想」がとても重要だと

書く。ベイジアンは18世紀の数学者であるトーマス・ベイズに由来する。サイコロ、交通事故、診断薬、銀行強盗などを事例に、「新しい事実をどう自分の判断材料に取り入れるかをイメージしてほしい」という。やさしくは書かれているものの確率論だけにやはり難解で、投資に数学的素養が必要なことを痛感させられる。

　一方で、割安小型成長株を見つけて集中投資する時の最終判断は「経営者」であり、経営者との面談を大事にする。成長性を見抜く一番のポイントは、「経営者が企業を成長させる強い意志を持っているかどうか」だという。そこを見極めたとき大胆な投資を行うが、数値化されたものやマニュアルがあるわけでなく、最終的には清原氏の経験に基づくカンだ。この社長との交流過程は、すこぶる人間臭くかつ泥臭い。

　パンデミックを経て大型株も割安になったことを感じた清原氏は、日本株全体がショーテッジ（供給が絞られ買い手の需要を満たせない状態）になると予測してメガバンク株の「買い」で勝負をかけ、予想通りの高騰で利益を確保し運用資産残高は1520億円となった。ファンドとともに浮沈を繰り返すなか、ほとんど全ての報酬をファンドに注ぎ込んできた結果、運用資産の約半分が清原氏のもので、ファンドを閉じる際の個人資産総額は約800億円を超える。

　失敗を繰り返しながらも「市場に愛される男」となった清原氏は、今後はその資産をもとに「エピローグ」で述べているように、「人の役に立つ何か」を考えながら探し、それを見つけ、その「何か」を始めることになるのだろう。

清原達郎
きよはら・たつろう

1981年、東京大学教養学部（国際関係論）卒業。同年、野村證券に入社、海外投資顧問室に配属。スタンフォード大学で経営学修士号（MBA）取得後、86年に野村證券NY支店に配属。91年、ゴールドマン・サックス証券東京支店に転職。その後モルガン・スタンレー証券、スパークス投資顧問を経て、98年、タワー投資顧問で基幹ファンド「タワーK1ファンド」をローンチ。2005年に発表された最後の高額納税者名簿（長者番付）で全国トップに躍り出る。23年、「タワーK1ファンド」の運用を終了し、退社。本書ははじめての著書である。

わが投資 術
市場は誰に微笑むか

2024年 3 月 1 日　第 1 刷発行
2024年 9 月 4 日　第 9 刷発行

著者　**清原達郎**
きよはら たつろう
© Tatsuro Kiyohara 2024, Printed in Japan

発行者　**森田浩章**

発行所　**株式会社 講談社**
東京都文京区音羽 2 丁目12‐21　郵便番号112‐8001
電話 編集 03‐5395‐3544
　　　販売 03‐5395‐4415
　　　業務 03‐5395‐3615

印刷所　**株式会社新藤慶昌堂**

製本所　**株式会社国宝社**

KODANSHA

ISBN978‐4‐06‐535035‐5　N.D.C.338.155 319p 20cm